Klaus X. Rohling;
Im Zirkel der Wollust

Klaus X. Rohling;

Im Zirkel der Wollust

Rediroma-Verlag

Bibliografische Information der Deutschen Nationalbibliothek:
Die Deutsche Nationalbibliothek verzeichnet diese Publikation in der Deutschen Nationalbibliografie; detaillierte bibliografische Daten sind im Internet über http://portal.dnb.de abrufbar.

ISBN 978-3-98527-046-0

Umschlagillustration:
Arthur-studio10 (shutterstock.com)

www.rediroma-verlag.de
8,95 Euro (D)

Inhalt

Prolog

Ich darf mich an dieser Stelle einmal kurz vorstellen.

Mein Name ist Sharon Garang.

Meine Urgroßeltern lebten in Afrika, aber wechselten bereits in ihrer Jugend den Kontinent. Sie siedelten nach Europa um, sodass ich bereits zur vierten Generation zähle, die im westlichen Europa lebt.

Obwohl ich dadurch der Beschneidung entkam, ist mein Großvater bis zum heutigen Tag von hoher religiöser traditioneller Moral getrieben, womit er meinen schon etwas aufgeschlosseneren Vater immer wieder in Konflikte brachte, wenn es um meine Erziehung ging. Außerhalb der Familienzusammenkünfte scheint mein Dad immer mehr dazu überzugehen, aufgeklärte Gedanken zuzulassen und auszuleben. Sollte sein Vater aber jemals wittern, welcher Tätigkeit ich momentan nachgehe und von der ich hier berichten möchte, würde mein Vater einschreiten müssen, indem er mich auf den Weg der Tugend zurückführt, um mich vor der Verwahrlosung zu beschützen, wie mein Großvater dieses Leben bezeichnen würde.

Meine Mutter und meine Großmutter sind bereits verstorben.

Meine Hautfarbe ist schwarz. Ich kenne kaum einen Farbigen auf der ganzen Welt, dessen Teint dunkler ist als meiner.

Ich habe die Mitte zwanzig überschritten, bin sehr schlank, habe kleine Brüste und mein Po weist nur ganz geringe weibliche Rundungen auf.

Meine Haare trage ich zumeist sehr kurz, manchmal leiste ich mir sogar gerne einen Kahlkopf.

Vor drei Monaten habe ich mich dazu entschieden, mein Psychologiestudium für ein freiwilliges praktisches Jahr bei dem Psychiater Dr. Massimo Vierzi zu unterbrechen; ich habe mich dann vor zwei Monaten sogar noch gegen den ausdrücklichen Willen meines Vaters, seine Eltern dürfen am besten niemals etwas davon erfahren, auf die Stelle als Zofe beim Zirkel der Wollust beworben, weil ich meinen psychologischen Kenntnisstand über sexuelle Neigungen erweitern möchte.

Es sei hier schon einmal angemerkt, dass ich devot veranlagt bin und es liebe, von richtigen Kerlen dominiert zu werden.

Der Mann, der mich hierfür einstellte, ist der Mann, bei dem ich auch mein Praktikum absolviere.

Er bot mir an, nach der Gründung des Zirkels die Zofe der Vereinigung zu werden, und ich entschied mich dafür, es zu probieren.

Doch der Reihe nach.

Bis zu der Entscheidung über den Präsidenten des Zirkels durfte ich bei Doktor Vierzi wohnen und mich ausschließlich auf das Praktikum konzentrieren.

Nach der Gründung des Zirkels änderte sich daran rein gar nichts, denn Vierzi wurde zum Präsidenten des Zirkels gewählt.

Seit diesem Zeitpunkt verbinde ich also mein praktisches Jahr mit dem Dasein einer Zirkelzofe und erweitere somit tagtäglich meinen Horizont über die menschliche Sexualität.

Ich startete in meine neuen Aufgaben voller Motivation und Euphorie und will hier schon einmal gestehen, dass ich seitdem glücklich und zufrieden als Zofe einer Vereinigung von Sadomasochisten lebe.

So wie alle Subs habe auch ich die SM-Spielarten, die mit mir möglich sind, unterschreiben müssen. Für eine Zofe ist es wohl automatisch vorgegeben, dass sie sich allen Wünschen ihres Doms willig und gerne fügt.

Für eine Zirkelzofe gibt es halt sogar mehrere Doms, denen sie zu gehorchen hat.

In meinem Fall handelt es sich um den gesamten Vorstand des Zirkels.

Aus diesen Gründen habe ich von Beginn alles auf dem Fragebogen angekreuzt und unterschrieben an den Präsidenten des Zirkels übergeben, als da wären: die Atemkontrolle, das Aufhängen, die Brustfolter, der Einsatz von Dildos aller Art, die Dreilochbenutzbarkeit, der Sex in der Dunkelheit, das Gefesseltsein, das Figging, das Fisting, der Einsatz eines Klistiers, der Sex in der Öffentlichkeit, das Peitschen, der Einsatz von Strom, die Tunnelspiele, der Einsatz von Vibratoren, der Anal-, Oral- und Vaginalverkehr, die Teilnahme an Vergewaltigungsspielen, das Sklavendasein rund um die Uhr, die Vorführung, die Erduldung von Wachs und das Untertauchen in Wasser.

Meine Hauptaufgabe als Praktikantin ist es, Dr. Vierzi in der Therapie zu begleiten und zu unterstützen, wo er meine Hilfe benötigt.

Gelegentlich werde ich als Zofe des Zirkels die Patienten des Doktors bei ihrem Eintritt in den Zirkel begleiten müssen, wie mein Chef mir in Aussicht stellte, denn er braucht den Zirkel zum Teil für die Behandlung seiner Patienten.

Eine der Aufgaben innerhalb des Zirkels ist das Schreiben der Protokolle zu allen Events und Dates.

Ich werde hier also von einer traumhaften Märchenwelt berichten, die vielen Menschen für immer verschlossen bleibt.

Nebenbei bin ich an der Organisation der Events des Zirkels beteiligt und agiere dort als Gehilfin des Präsidenten und des gesamten Vorstands.

Gelegentlich soll ich auch ausgewählten Männern zur Verfügung gestellt werden. Deshalb ist es meine Aufgabe, auf mein Aussehen und meinen Körper zu achten. Ein sportlich gestählter Körper ist die Bedingung, die ich zu erfüllen habe.

Die erste Aufgabe, die mir einen Tag, nachdem ich zur Zirkelzofe ernannt wurde, zufiel, war das Schreiben und Verschicken der Einladungen zur Gründungsveranstaltung des Zirkels, die zwei Monate später stattfinden sollte.

Die Gründung

Die konstituierende Sitzung zur Gründung des beabsichtigten Zirkels hatte mein Chef, der Psychiater Dr. Massimo Vierzi, auf ein Wochenende kurz nach Neujahr gelegt und hatte mich dazu auserkoren, die Einladungen bereits im November zu schreiben und zu verschicken.

Und so ging folgendes Schreiben an Doms und Subs aus ganz Europa, die Vierzi mehr oder weniger kannte, heraus: *„Ihr Lieben, ich will einen Zirkel der Wollust gründen. Zweck des Zirkels soll es ein, so oft wie möglich sadomasochistischen Sex haben zu können und nicht immer nur auf Feste und einmalige Events warten zu müssen. Der Zirkel soll wie eine große Familie sein, in der sich Gleichgesinnte wohlfühlen und ihre Gelüste ausleben können. Zur ersten konstituierenden Sitzung lade ich euch auf meinen Ausflugsdampfer für das erste Wochenende im Januar ein. Für Übernachtungsmöglichkeiten und euer leibliches Wohl wird gesorgt sein. Ich erbitte eure Anmeldung in den nächsten Tagen und später dann eure Anreise bis zum Samstagmittag. Am Nachmittag werden wir zuerst den Vorstand wählen, am Abend soll dann ein wenig gefeiert werden, um am Sonntag die Regularien für unseren Zirkel festzulegen. Eure Abreise werde ich auf den Sonntag-*

mittag terminieren. Ich bitte um zahlreiches Erscheinen mit vorheriger Anmeldung! Je mehr Mitglieder wir in unserem Zirkel haben werden, desto größer dürfte unser Spaß bei den Events werden, desto häufiger werden wir uns treffen können. Ich freue mich auf euch!"

In der verbliebenen Zeit zwischen diesem Schreiben und der Gründungsveranstaltung wurde ich von Vierzi höchstpersönlich theoretisch und praktisch in SM-Techniken und Spiele eingewiesen, die mir bis dahin verborgen geblieben waren.

Vierzi hatte die Absicht, dem neuen Präsidenten des Zirkels eine perfekte Zofe zu übergeben.

Ich wurde quasi zugeritten und kann behaupten, dass ich noch niemals so viel und so abwechslungsreichen Sex hatte wie in diesen zwei Monaten.

Ich war dann fast schon ein wenig traurig, als die Veranstaltung nahte und sich ein mögliches Ende bei Vierzi abzeichnete.

Der Luxusdampfer war fast bis auf den letzten Bettenplatz gefüllt, als mein Herr der Brücke den Befehl erteilte, in See zu stechen.

Nach gut einer halben Stunde eröffnete ich die Wahlveranstaltung.

Die Wahl des Präsidenten gestaltete sich ganz einfach: Der einzige Kandidat, der sich zur Wahl stellte, war der Psychiater, Dr. Massimo Vierzi, selbst.

Als mein Chef dazu aufforderte, dass ein Gegenkandidat aufgestellt werden würde, machte der Politiker Marquis Hugo de Lacy deutlich, dass der Mann, der die Idee für die Gründung des Zirkels hatte, auch der erste Präsident der Vereinigung werden sollte, um gerade den Anfang mit seinen Ideen zu gestalten. Nach dem ersten Jahr könne das ja dann geändert werden, falls Vierzi später kein Interesse mehr daran habe.

Die anschließende Abstimmung brachte dem Doktor die hundertprozentige Zustimmung. Mein Herr nahm die Wahl an und übernahm das folgende Prozedere für die Wahl des weiteren Vorstands, sodass ich mich in die Gästeschar einordnen konnte.

Der Vizepräsident musste in einer Kampfabstimmung zwischen dem Marquis Hugo de Lacy und dem Konzernchef Johann Friedrich Kestner entschieden werden. Kestner setzte sich mit einem ganz hauchdünnen Vorsprung durch.

Als Kassenwart wurde dann aber der Marquis gewählt, obwohl es auch hier einen Gegenkandidaten gegeben hatte, aber Rolf Franz Kestner war wohl allein deshalb abgelehnt worden, weil sein Bruder bereits zum Vizepräsidenten gewählt worden war.

Zu guter Letzt wurde ich als Zirkelzofe bestätigt und sollte somit mein Domizil bei Dr. Massimo Vierzi belassen dürfen.

Anschließend löste mein Boss die Versammlung auf und bat darum, zum Abendessen pünktlich zu erscheinen, weil er vorhabe, bereits zum Essen mit den Spielen zu beginnen. Er habe sich eine Überraschung für alle überlegt.

Wir warteten fortan wohl alle voll erregender Spannung auf das, womit der Psychiater uns überraschen wollte.

Er hatte im Speisesaal eine große Tafel mit einem kleineren, runden Podest in der Mitte eindecken lassen.

Nachdem alle Plätze besetzt waren, begann der neu gewählte Präsident damit, dass er sich erhob.

„Musik! Licht aus! Spot an!“, sagte er zur Begrüßung und es geschah, was er gefordert hatte.

Orgelmusik ertönte und ein heller Spot beschien das Podest.

„Wir beginnen mit dem Aperitif! Sharon, begib dich bitte aufs Podest!“, forderte mein Herr und überraschte mich damit wohl am allermeisten, aber ich tat, was er mir aufgetragen hatte.

„Sharon ist unsere Zirkelzofe. Sie ist von mir zugeritten, aber im SM noch immer ein Greenhorn. Wir müssen behutsam mit ihr umgehen. Wir werden uns morgen über unsere Regeln unterhalten, aber es sei schon jetzt gesagt: Sharon ist mir und meinem Vizepräsidenten zwar direkt unterstellt, aber sie steht uns allen zur Verfügung. Wer sie benutzen will, hat seine Anfrage an mich zu richten. Heute Abend werde ich sie euch vorführen und präsentieren."

Ich fühlte, wie sich in diesem Moment eine ungeheure Erregung in mir breit machte, zumal ich noch gar nicht einschätzen konnte, was da auf mich zukommen würde.

„Zum Aperitif erheben wir also das Glas auf Sharon, die uns nun einen astreinen Strip hinlegen wird", sagte mein Herr, nickte mir zu, und ich begann damit, mich auszuziehen.

Es war ein seltsames Gefühl, nackt vor so vielen Menschen zu stehen und von ihnen betrachtet zu werden, aber letztendlich fühlte ich, wie mir der Saft der Wollust in meiner Muschi schmatzte.

„Präsentiere uns zuerst deine Titten!", forderte mein Herr, und ich verschränkte die Arme hinter meinem Kopf, so wie er es mir beigebracht hatte.

„Dreh dich herum!", sagte er, und ich gehorchte.

„Präsentiere uns deinen Arsch!", forderte er.

Ich beugte mich vor und zog meine Pobacken auseinander, so wie ich es von ihm gelernt hatte.

Plötzlich begann sich das Podest zu drehen.

„Präsentiere uns deine Fotze und ziehe die Schamlippen so weit wie möglich auseinander!", wies er mich an, und nun konnten alle sehen, wie nass ich bereits war.

Zur Vorspeise, die gerade aufgetragen wurde, bestellte Vierzi Dominik von Otterbach in die Mitte, der mich peitschen sollte, bis mir der Arsch glühen würde.

Noch bevor alle ihre Suppe gegessen hatten, sollte Dominik meine Fotze mit dem Flogger bearbeiten, bis die Schamlippen und mein Kitzler angeheizt und geschwollen waren.

Mit dem Hauptgericht wurde eine Fickmaschine hereingefahren, die mich bearbeitete, während die anderen speisten.

Ich konnte nicht anders und störte die Ruhe des Essens dadurch, dass ich die Wollust aus mir herausschrie, während ich mehr und mehr die Schwerkraft verlor.

Dann kam das Dessert.

„Walter, ich möchte dich bitten, Sharon in die Fotze zu ficken! Sie macht heute zum ersten Mal die Bekanntschaft mit einem XXL-Kolben. Zerreiß sie nicht!“, forderte mein Chef, und ein älterer Mann trat an mich heran.

Walter Arisdorf forderte mich auf, seinen Hosenschlitz zu öffnen und seinen Kolben hart zu blasen.

Es war ein tolles Gefühl, einen solch riesigen Apparat im Mund und in der Hand zu haben, aber zugleich flößte er mir auch Angst ein, denn ein solch riesiges Teil hatte ich noch nie aufgenommen.

Nachdem Walters Kolben stand, sollte ich mich hinknien, und er ließ Öl über meine Spalte laufen.

Anschließend dehnte er mich, mit einem Finger beginnend, vor, ehe er dann den zweiten und letztendlich auch den dritten Finger zu Hilfe nahm.

Dennoch empfand ich zunächst einen ungeheuren Druck, als er mir seinen Schwanz in die Muschi schob. Doch nach einiger Zeit stieß er mich von einem Höhepunkt zum nächsten.

Nachdem Walter mit mir fertig war und sich in meiner Pussy ergossen hatte, eröffnete Massimo die Orgie, bei der jeder mit jedem seinen Spaß haben konnte und die meisten ganz sicher auch hatten.

Auch wenn es für mich nicht die erste Party war, so war es durch die Präsentation doch die geilste Veranstaltung, die ich bis dahin erlebt hatte. Am nächsten Morgen nach dem Frühstück ging es um die Regeln des Zirkels.

Dr. Massimo Vierzi machte die Vorschläge, über die anschließend diskutiert und letztendlich abgestimmt werden sollte.

Zunächst wurde durch das genannte Verfahren festgelegt, dass der Vorstand für ein Jahr gewählt war und anschließend bei dem Abschlussball nach einem Jahr ein neuer Vorstand gewählt werden würde, wobei eine Wiederwahl nicht kategorisch ausgeschlossen werden sollte.

Anschließend schlug mein Herr vor, dass es einen Wettkampf der Subs geben sollte. Er würde sie zu mehreren Einzeltreffen mit diversen Doms einladen, wobei die beiden Präsidenten als Jury fungieren und festlegen würden, welche von ihnen die Beste war.

Bei einem Halbjahresfest würde sie dann allen Doms zur Verfügung gestellt werden.

Beim Abschlussfest würde eine weitere Sub präsentiert werden, die in einem zweiten Durchgang die Beste geworden war.

Sein Vorschlag fand hundertprozentige Zustimmung und wurde somit in das Reglement aufgenommen.

Als Nächstes ging es um die Anforderungen, die den noch aufzunehmenden Mitgliedern gestellt werden würden: Einladungen des Präsidenten seien von Doms und Subs zwingend einzuhalten.

Subs seien bei den Treffen zu absolutem Gehorsam verpflichtet. Sie würden dabei zu allen SM-Spielen herangezogen, die sie auf dem Fragebogen des Johann Friedrich Kestner angekreuzt und mit ihrer Unterschrift besiegelt hätten. Ich ließ das Muster eines Fragebogens herumgehen: Atemkontrolle, Aufhängen, Brustfolter, Dildo, Dreilochbenutzbarkeit, Dunkelheit, Fesseln, Figging, Fisting, Klistier, Öffentlichkeit, Peitschen, Strom, Tunnelspiele, Vibrator, Anal-, Oral-, Vaginalverkehr, Vergewaltigungsspiele, 24/7, Vorführung, Wachs, Wasser.

Doms dagegen seien zu einem Mindestmitgliedsbeitrag verpflichtet, um die Feste und Treffen zu finanzieren, dafür würden aber auch die Gebühren für die beiden großen Feste entfallen. Spenden darüber hinaus seien aber durchaus willkommen und sollten bereits in den nächsten Tagen auf dem Konto des Marquis de Lacy eingehen.

Auch hiergegen gab es keinen Widerspruch.

Danach ging es nur noch um die Aufnahme der Mitglieder. Die Interessierten hatten zu mir zu kommen und sich in die Liste einzutragen:

DIE DAMEN ZWISCHEN ZWANZIG UND DREISSIG

Paula, die Holländerin,

Gabriela, die Spanierin,

Eva, die Designerin,

Josefine, die Dienerin des Marquis de Lacy,

Emmanuelle, die andere Dienerin des Marquis de Lacy,

Jacqueline, die ehemalige Zofe Kestners,

Zoë, die neue Zofe Kestners.

Jennifer, die Fahrerin im Kestner-Konzern,

Sandra, die Praktikantin im Kestner-Konzern,

Theresa, die Auszubildende im Kestner-Konzern,

Suzan, das farbige Model, und

Nila, die Näherin im Kestner-Konzern aus Myanmar.

DIE DAMEN ZWISCHEN DREISSIG UND VIERZIG

Daniela, die farbige Buchhalterin im Kestner-Konzern,

Martha, die polnische Putzfrau im Kestner-Konzern, und

Denise, die Sekretärin im Kestner-Konzern.

DIE DAMEN ZWISCHEN VIERZIG UND FÜNFZIG

Ekatharina, die Finanzamtsbeamtin,

Scarlett, die Lehrerin,

Maria, die Verlagsvorstandsvorsitzende,

Vera, die Designerin im Kestner-Konzern,

Kim, die Packerin im Kestner-Konzern,

Petra, die Kriminalhauptkommissarin und Domina, und

Myriam, die Vorarbeiterin im Kestner-Konzern.

DIE HERREN

Dominik von Otterbach, der Clubbesitzer,

Karl Sachs, der Mann aus dem Geldadel,

Marquis Hugo de Lacy, der Politiker,

Johann Friedrich Kestner, der Konzernchef,

Rolf Franz Kestner, der Verkaufsleiter des Kestner-Konzerns,

Stefan Leon Ucka, der Betriebsleiter des Kestner-Konzerns,

Walter Arisdorf, der Lehrer,

Max Wild, der Versicherungsvertreter,

Harald Hallauer, der Steuerberater,

Gregor Bachmann, der Schriftsteller und Privatdetektiv,

Niklas Kruse, der Steuerfahnder,

Albert, der Chauffeur des Marquis,

Noah, der Hausmeister im Waldschlösschen des Marquis, und

Kilian, der Zuchtmeister im Waldschlösschen des Marquis.

Im Keller

Die Gründungsfeier lag erst ein paar Tage hinter uns, als sich der Vorstand zur ersten Beratung zusammensetzte.

Als ihre Zofe wurde ich an diesem Treffen der Doms beteiligt.

Wir trafen uns im Besprechungszimmer meines Chefs.

„Ich darf euch alle begrüßen und würde gerne direkt in die Auswahlgespräche eintreten. Ich denke, wir sollten für unser erstes Event eine Sub auswählen, die über größere SM-Erfahrungen verfügt und mit der einfach alles möglich ist. Das heißt, ich schlage vor, eine ausgebildete Sklavin ins erste Rennen zu schicken. Was haltet ihr von diesem Vorschlag?“, fragte Vierzi.

„Das ist eine gute Idee. Ich konkretisiere deine Idee dahingehend, dass wir dann mit den von Hugo ausgebildeten Sklavinnen beginnen sollten. Da wissen wir, was wir erwarten und der Dame abverlangen können“, meinte Kestner.

„Als da wären Paula, die vollbusige Barkeeperin, Gabriela, die Kunsterzieherin, Ekatharina, die Steuerbeamtin, Scarlett, die Lehrerin, Eva, die Designerin, Josefine, deine Dienerin, und Emmanuelle, deine zweite Dienerin, mein lieber Hugo.

Habt ihr weitere Vorschläge?“, erkundigte sich mein Herr.

„Alle anderen sind wohl noch eher Novizinnen und machen noch einige Einschränkungen auf unserem Fragebogen“, meinte der Marquis und blätterte in den Verträgen der Subs.

„Mir gefällt im Augenblick die Paula am besten. Die könnte ich mir für den Auftakt sehr gut vorstellen“, meinte Kestner und betrachtete alle Fotos der Subs.

„D'accord!“, meinte Vierzi.

„Das klingt doch alles sehr gut. Da läuft einem das Wasser schon jetzt im Munde zusammen“, erklärte Kestner und somit war es beschlossene Sache, dass Paula die Sub werden würde, die das erste Abenteuer innerhalb des neu gegründeten Zirkels zu bestreiten hatte.

„Für heute lassen wir es mal gut sein! Wir warten ab, wie das Event so verläuft, und werden bei unserer nächsten Tagung dann für die kommenden Events einen größeren Packen an Teilnehmern und Teilnehmerinnen planen, wobei ich nun an dem Punkt bin, zu bestimmen, wer außer uns als Dom dabei sein soll. Wie seht ihr das?“, fragte Vierzi.

„Einen Probedurchlauf zu machen und abzuwarten, wie das Event verläuft, ehe wir weitere Planungen machen, finde ich gut. Stefan ist ganz heiß auf Paula und Niklas braucht noch eine Sub, die er kaum zu lenken braucht. Er ist noch nicht ganz so dominant, wie ich mir das vorstelle. Er hat noch ganz viel zu lernen“, meinte der Marquis.

„Na, dann haben wir unsere Doms für den ersten Durchgang bereits bestimmt. Starten wir mit der konkreten Planung!“, forderte Kestner.

„Liebe Sharon, darf ich dich nun bitten, uns allein zu lassen, du wirst mit der Betreuung der Sub betraut werden. Deshalb solltest du nicht wissen, was wir für sie vorgesehen haben. Du würdest es ihnen sonst eventuell verraten und in diese Versuchung wollen wir dich nicht bringen. Ich rufe dich, wenn wir fertig sind und dich wieder brauchen“, sagte Vierzi an mich gerichtet.

Als die Planung wohl etliche Minuten später abgeschlossen war und die beiden Männer das Haus meines Chefs verlassen hatten, rief Massimo mich wieder zu sich und erteilte mir meinen Auftrag.

Ich erhielt für das erste Event die Aufgabe, die Einladungen nach einem ganz bestimmten Schema zu schreiben. Die Briefe waren an Frauen und Männer persönlich gerichtet, sodass niemand im Vorfeld wissen konnte, wer noch an dem Date beteiligt sein würde.

An Paula schrieb ich also: Liebe Paula, am Samstagabend um zwanzig Uhr beginnt unser erstes Spiel mit dir als Sub. Du wirst um neunzehn

Uhr dreißig von Albert und mir abgeholt. Halte dich bereit!

Liebe Grüße

Sharon

An Niklas Kruse schrieb ich: Verehrter Herr Kruse, Samstagabend um zwanzig Uhr beginnt unser erstes Spiel mit Ihnen als Dom. Seien Sie bitte eine Stunde früher im Waldschlösschen des Marquis de Lacy!

Liebe Grüße

Sharon

An Herrn Ucka schrieb ich: Sehr geehrter Sir Steven, Samstagabend um zwanzig Uhr beginnt unser erstes Spiel mit Ihnen als Dom. Seien Sie bitte eine Stunde früher im Waldschlösschen des Marquis de Lacy!

Liebe Grüße

Sharon

Der Marquis, der Präsident, sein Vizepräsident Herr Kestner und meine Wenigkeit warteten an besagtem Samstagabend auf die Ankunft von Herrn Kruse, Herrn Ucka und einem Patienten von Vierzi, der mit Potenzproblemen zu kämpfen hatte.

Sie erschienen allesamt fast überpünktlich und wurden im Herrenzimmer des Waldschlösschens von den Vorstandsmitgliedern begrüßt und in ihre

Überlegungen eingeweiht. Ich hatte diesen Erklärungen mal wieder fernzubleiben.

Minuten danach erhielt ich meine zweite Aufgabe für das erste Event, nämlich mit Albert, dem Chauffeur des Marquis, zu Paula zu fahren und sie abzuholen.

Was sie mit Paula anstellen wollten, blieb somit auch für mich ein Geheimnis, auf das ich sehr gespannt war.

„Was hat man mit mir vor?“, wollte Paula wissen, nachdem sie zu mir in den Fond des weißen Chrysler gestiegen war.

„Das weiß ich auch nicht. Ich war von den Beratungen ausgeschlossen. Es soll für dich eine Überraschung bleiben, weil das deine Erregung steigert.“

„Ich bin auch so schon erregt genug. Obwohl ich ja bereits eine ganze Menge erlebt habe, ist es immer wieder spannend, was die Kerle sich so einfallen lassen und ob ich dabei auch wirklich ins Fliegen gerate“, erklärte Paula.

„Die werden sich sicher die größte Mühe geben und es sind ja einige versierte Doms dabei. Du solltest dich einfach fallen lassen!“

Albert drückte mir wenige Augenblicke später einen Zettel in die Hand, auf dem handschriftlich von meinem Boss vermerkt war, wie ich Paula vorzubereiten hatte.

„Bist du bereit, Liebes?“ fragte ich sodann die auserkorene Sklavin.

„Ich bin ausgebildet, zu jeder Zeit bereit zu sein, und genau darin sehe ich auch meine Aufgabe. Ja, ich bin erregt genug, um mich ins Abenteuer zu stürzen.“

„Knie dich auf den Sitz!“, forderte ich sie auf und sie tat, worum ich sie gebeten hatte.

Ich schob ihren Rock hoch, zerschnitt die seitlichen Stege ihres Slips, ließ Öl über ihre Pofalte laufen und schob ihr den Analplug aus Edelstahl in den Hintern.

Dann ließ ich sie sich wieder hinsetzen und die Beine spreizen, sodass ich mit dem Vibrator gut an ihren Kitzler herankam, um ihn zu stimulieren.

In dem Moment, in dem sie gerade kommen wollte, zog ich den Vibrator zurück, wartete, bis sie wieder ein wenig runtergekühlt war, um ihr erneut den Apparat an den Kitzler zu halten.

Dieses Spielchen wiederholten wir bis zu der Ankunft am Waldschlösschen noch drei Mal, aber ich ließ sie kein einziges Mal kommen.

Bei der Ankunft war sie aber bereits so erregt, dass ein Windhauch ausgereicht hätte, um sie zum Orgasmus zu bringen.

„Geh durch die Pforte! Schließ sie hinter dir! Geh im Haus die Treppen hinunter!“, forderte ich von ihr und sie gehorchte, obwohl es mit jeder

Stufe in den Keller dunkler wurde, bis sie die Hand vor den Augen nicht mehr erkennen konnte.

„Hi, Paula, geh gerade weiter, bis du auf eine Wand stößt! Strecke die Arme nach vorne, damit du dir nicht den Kopf stößt!“, hörte sie die Stimme Vierzis, ohne ihn sehen zu können.

Ich überzeugte mich davon, dass Paula tat, was ihr aufgetragen worden war.

„Dreh dich mit dem Rücken zur Wand!“, forderte mein Herr, nachdem sie die Wand erreicht hatte.

„Spreize die Beine!“

Die Barkeeperin gehorchte und spürte in diesem Moment schon, wie der Saft der Wollust in ihrer Muschi schmatzte.

Vierzi forderte: „Wichs dir die Fotze! Wage es aber nicht, jetzt schon zu kommen!“

Paula rieb ihren Kitzler und musste sich ganz stark beherrschen, nicht ins Fliegen zu geraten, aber das Zittern ihrer Beine konnte sie nicht mehr unterbinden, so sehr erregte sie die Situation.

Unser Präsident ließ sie warten, ehe er weitermachte.

„Hock dich hin! Blas den Schwanz, den dir jemand in die Kehle schiebt! Bring ihn dazu, dir in den Mund zu spritzen!“, forderte Massimo und schickte Kruse mit einer Kerze zu ihr.

Nachdem Kruse mit lautem Stöhnen seinen Samen abgeschossen hatte, ging ein Spot an und strahlte Paula direkt in die Augen.

Sie sah nichts mehr, fühlte dann aber, wie sie ein zweiter Mann umdrehte, den Plug aus ihrem Po zerrte und sie mit einem harten Schwanz penetrierte, bis er sich in ihrem Hintern entladen hatte.

Währenddessen fühlte sie, wie eine weitere Hand in ihre Muschi eindrang und diese schmatzen ließ.

„Setz dich jetzt mit deinem Arsch auf das Schwert von Sir Steven!“, sagte mein Boss zu Paula und forderte von mir, da ich Paula ja gefolgt war, dass ich ihr währenddessen den Kitzler leckte.

Während ich das tat, fickte Albert mich mit harten Stößen von hinten, bis ich abspritzte.

Dann sollte ich mich neben Paula legen.

Anschließend wurde ich von allen Männern nacheinander gefickt, und Paula wurde gleichzeitig ins Sandwich genommen, bis auch sie endlich abspritzen durfte.

Bei Vierzis Patienten war nichts mehr von Impotenz zu spüren. Sein Kolben stand dauerhaft und erholte sich immer recht schnell, wenn er zwischendrin doch mal erschlaffte.

Nach und nach kehrte dennoch Ruhe ein.

Nachdem wir uns alle ein wenig erholt hatten, brachten Albert und ich Paula nach Hause.

„Wie war es für dich?“, wollte ich von ihr wissen.

„Absolut geil! Vor allen Dingen war die Verzögerung und Orgasmuskontrolle so luststeigernd, wie ich es selten erlebt habe, sodass ich am Ende dachte, der Höhepunkt würde mich zerreißen.“

„Ich werde dem Vorstand von deinen Gefühlen berichten. Vielleicht hast du ja eine Chance, bei unserem Halbjahresfest auserwählt zu werden“, sagte ich und verabschiedete mich dann mit einer herzlichen Umarmung von ihr.

Vierzi wartete bereits auf meine Rückkehr und somit verabschiedeten wir uns nur noch von Johann, um uns vom privaten Helikopter Kestners nach Hause fliegen zu lassen.

Am See

Wir waren erst ein paar Tage vom ersten Event zurück, da gab mein Chef mir den Auftrag, ihm in eins seiner Behandlungsgespräche zu folgen.

Auf dem Programm standen die Ehmrichs, ein Paar, dessen sexuelles Eheleben nicht mehr existierte, da ihr sein Penis angeblich zu klein war, um sie zu einem Orgasmus zu bringen.

Statt sich über Alternativen Gedanken zu machen, hatten sie ihr Sexleben eingestellt, und das hatte bei beiden zu solchen Depressionen geführt, dass sie ernsthaft darüber nachdachten, sich zu trennen, obwohl beide bekundeten, sich noch immer zu lieben.

Zunächst stellte der Doktor mich als seine Praktikantin vor und erkundigte sich danach, ob sie etwas dagegen hätten, wenn ich der ersten therapeutischen Sitzung beiwohnen würde.

Da ich Herrn Ehmrich zu gefallen schien, stimmte er meiner Anwesenheit zu und dann willigte auch seine Frau ein.

Anschließend erklärte Vierzi uns allen, dass es nicht mehr um ein Gespräch ginge, weil Gespräche zur Genüge geführt worden seien, sondern darum, an der Praxis ihres Ehelebens etwas zu ändern, und dazu müssten sie auch zu Sex mit anderen bereit sein.

Die beiden Eheleute nickten und sicherten ihm zu, dass ihnen das auch vorher schon bewusst gewesen sei. Sie seien bereit, an der Überwindung ihrer Hemmungen zu arbeiten.

„Gut! Dann möchte ich, dass wir alle uns ausziehen und auf den Teppich setzen“, sagte mein Boss und meinte damit auch mich, wie er mir durch sein Kopfnicken verdeutlichte.

Es wunderte mich, dass Vierzi überhaupt keine Hemmungen zu haben schien, sich vor seinen Patienten zu entkleiden, aber die Selbstverständlichkeit, mit der er sich gab, führte auch bei den Ehmrichs zu einer lockeren Grundstimmung.

Mir kam dann die Aufgabe zu, den Kolben von Herrn Ehmrich hart zu blasen, während mein Chef sich mit der Muschi von Frau Ehmrich beschäftigte.

Er leckte ihren Kitzler, bis er ein erstes Stöhnen vernahm, steckte ihr dann zwei Finger in die Spalte und bearbeitete sie, bis sie zu einem ersten Höhepunkt kam.

Anschließend bat er den Ehemann, seiner Frau die ganze Hand in die Muschi zu schieben und sie so lange zu fisten, bis sie abspritzen würde, was auch ganz rasch der Fall war.

Zu guter Letzt sollte der Mann seine Frau in den Po ficken und gleichzeitig den Kitzler reiben.

Die Frau flog von einem Orgasmus in den nächsten.

Als die beiden erschöpft nebeneinanderlagen, begann Vierzi damit, mich zu vögeln, was Herrn Ehmrich noch einmal dazu motivierte, sich von seiner Frau blasen zu lassen, während er sie mit einem Vibrator zu einem weiteren Höhepunkt brachte.

Dann gönnte mein Chef uns allen ein paar Minuten Ruhe, um anschließend festzustellen, dass dies eine erste praktische Maßnahme gewesen sei, wie die beiden Eheleute wieder Spaß an ihrem Sexleben finden könnten, und um sich dann von den beiden zu verabschieden.

Die Ehmrichs waren überglücklich und bedankten sich mehrmals, ehe sie die Praxis verließen.

Für den nächsten Tag hatte mein Herr das nächste Vorstandstreffen anberaumt. Erneut trafen wir uns in seinem Besprechungszimmer in der Praxis.

„Sharon hat mir berichtet, dass Paula unsere Behandlung außerordentlich genossen hat. Das heißt für mich, wir können so weiter machen, und ich schlage vor, dass wir heute die nächsten drei Events vorbesprechen, um dann wieder zu einer Auswertung zusammenzukommen. Wie seht ihr das?“, wollte Vierzi wissen.

„Ich weiß nicht, ob wir nicht alle Events bis zu unserem Halbjahrestreffen planen sollten, um Zeit zu sparen. Irgendwie sind diese Treffen hier ja nicht nur spaßig", meinte Hugo.

„Planen können wir ja ruhig schon ein wenig weiter, aber die Auswertungsgespräche erscheinen mir sehr wichtig. Deshalb schließe ich mich Massimo an. Nach drei Events kommen wir wieder zusammen. Falls du hierbei den Spaß vermisst, können wir uns ja der Sharon bedienen und uns mit ihr ein wenig amüsieren", erklärte Johann Friedrich.

„Also gut! Welche Subs wollen wir einladen? Ich erbitte eure Vorschläge!", sagte mein Chef.

„Ich fahre auf die Spanierin Gabriela ab. Auch sie steht uns für all unsere Wünsche zur Verfügung", meinte der Marquis, zog mich in diesem Augenblick näher an sich heran, drückte meinen Kopf in seinen Schoß und steckte mir sein Schwert in den Mund.

„Ich möchte Maria vorschlagen, weil die mir immer noch zu hochnäsig ist. Wir müssen ihr unbedingt mehr Demut beibringen. Sie ist nur eingeschränkt benutzbar, aber wir könnten ja an der Erweiterung arbeiten", erklärte Johann und steckte mir seinen Schwanz in die Muschi, indem er meinen Slip einfach zur Seite zerrte.

„Ich bin einverstanden und schlage Nila aus Myanmar vor. Mir gefällt der dunkle Teint ihrer Fotze und ihrer Nippel so ungemein gut. Ich meine, sie ist im Gegensatz zu dir, meine liebe Sharon, recht hellhäutig und mir gefällt nur der Kontrast an ihrem sonst relativ hellen Körper so gut. Ansonsten bist auch du wunderschön“, sagte Massimo und fickte mich solange, bis er zum Höhepunkt kam.

„Ich möchte lieber die Theresa vorschlagen, weil mir deren durchtrainierter Arsch so gut gefällt. Vom Gesicht her ist sie auch sehr hübsch“, meinte Johann.

„Na, dann schlage ich vor, wir arrangieren ein Event mit Nila und Theresa. Was haltet ihr davon?“, wollte Hugo wissen.

Johann und Massimo stimmten ihm zu und ließen kurze Zeit später von mir ab, weil mein Chef vorschlug, die weiteren Details schriftlich festzuhalten, und das war ja meine Aufgabe.

„Ich schlage vor, dass wir für Gabriela zwei versierte Doms nehmen. Für Nila und Theresa möchte ich gerne acht Kerle ansetzen, die die beiden bearbeiten. Für Maria arrangiere ich einen ganzen Fußballclub, wobei ein oder zwei von uns auf sie aufpassen. Naja, zu guter Letzt sind wir ja dann auch noch da“, sagte Massimo, und die beiden anderen pflichteten ihm ganz einfach bei.

„Lies vor, was mit den genannten Frauen alles möglich ist!“, forderte Massimo mich auf.

„Mit Gabriela geht alles, wie wir ja schon wissen.

Bei Nila scheidet einiges aus, aber es bleibt noch genug.

Bei Theresa ist es noch weniger, was möglich ist.

Maria muss wirklich noch ein wenig mehr Demut an den Tag legen und wird dann wohl auch für mehr Spielvarianten zur Verfügung stehen. Im Augenblick möchte sie wohl wie eine Mimose behandelt werden."

„Wie arbeiten an den Erweiterungen", meinte Johann.

Anschließend schickten die drei mich wieder aus dem Besprechungszimmer heraus, weil ich erneut nicht erfahren sollte, was mit den Subs geplant werden würde.

Als sie mich faste eine Stunde später wieder ins Zimmer holten, fickten sie mich noch einmal durch, ehe mein Boss die Sitzung für beendet erklärte.

„So machen mir die Tagungen deutlich mehr Spaß", meinte Hugo, als er sich verabschiedete.

Ich hatte noch am gleichen Abend die nächsten Einladungen zu verschicken. Wieder waren sie an die Frauen und die Männer getrennt gerichtet.

Für das zweite Event war ein See in N. als Ziel gewählt worden.

Erneut fiel mir auch hierbei die Aufgabe zu, die Frau des Abends mit Albert abzuholen und auf ihren Einsatz vorzubereiten.

Kurz nachdem unser Helikopter gelandet war, fuhr Albert vor, um mich abzuholen.

Er brachte mich umgehend zu Gabriela, der spanischen Kunsterzieherin, die uns beide - Albert war mitgekommen - bereits in ihrem Appartement in einem durchsichtigen Strandkleid erwartete.

Albert schien dieses Mal einen Auftrag erhalten zu haben, denn er forderte die Spanierin auf, sich rücklings auf den Küchentisch zu legen und die Beine zu spreizen.

Einige Minuten weidete er sich an diesem Anblick, und ich sah, wie sein Ständer in der Hose anschwoll, aber er beherrschte sich.

Dann tauchte er seinen Zeigefinger in Tigerbalsam und fuhr damit über Gabrielas Kitzler, tauchte seinen Zeige- und Mittelfinger ein weiteres Mal ein und fuhr damit in ihre Muschi.

Gabriela Stöhnen wurde lauter. Sie schien durch den Balsam so erregt zu sein, dass sie Albert bat, sie zu ficken, doch der vertröstete sie auf später.

„Wie soll ich das aushalten?“, wollte sie wissen.

„Du musst es aushalten!“, antwortete der Chauffeur ihr.

Gleichzeitig wies er mich an, seinen Schwanz zu blasen, bis er kommen würde, und ich gehorchte gern.

Währenddessen tauchte er drei Finger in den Tigerbalsam und schob diese Finger in Gabrielas Hintern.

Als seine ganze Hand in ihrem Po verschwunden war, spritzte er mir in den Hals, forderte mich anschließend auf, ihm ein Stück Ingwer zu schälen, das er mitgebracht hatte, und ich tat, was er mir aufgetragen hatte.

Das Stück Inger deponierte er in Gabrielas Po, um sie noch mehr anzufeuern, und forderte sie anschließend auf, mir und ihm zum Wagen zu folgen.

Gabriela schien bereits die Bodenhaftung zu verlieren, so sehr erregten sie Balsam und Ingwer.

„Was kommt da auf mich zu?“, wollte sie im Wagen von mir wissen und schien vor innerem Feuer kaum noch sitzen zu können.

„Ich bin nicht eingeweiht worden. Lass dich einfach überraschen! Das steigert deine Erregung noch mehr.“

Gabriela stöhnte während der weiteren Fahrt immer lauter, so sehr brachte die Hitze des Ingwers sie in Fahrt, und war bei der Ankunft bereits so geil, dass sie nass und feucht war, als sie die Stretchlimousine am See in N. verließ.

Ich drückte ihr ein Handy in die Hand und wir ließen sie allein in der Dämmerung am See zurück, wobei ich sie von ihr unbemerkt im Blick behielt, um später das Protokoll schreiben zu können.

Schon bald danach klingelte das Handy. „Geh auf den Steg! Bleib am Ende des Stegs stehen“, forderte mein Herr.

Gabriela gehorchte.

„Präsentiere deinen Arsch!“, befahl mein Herr und sie zog ihr Kleid hoch und beugte sich vor.

Dominik, der Clubbesitzer, trat hinter sie und ließ den Flogger über ihre Muschi kreisen, bis ihre Schamlippen glühten und ihr geschwollener Kitzler danach lechzte, zum äußeren Orgasmus kommen zu dürfen, doch in diesem Moment unterbrach der Clubbesitzer seine Hiebe und schubste sie ins Wasser, wo Harald auf sie wartete, um sie unter Wasser zu drücken.

Gabriela rang um Atem und ihr Kampf, den Armen Hallauers zu entkommen, schien sie immer mehr zu erregen.

Als sie nicht mehr konnte und sich kraftlos ergab, zog Harald sie an den Haaren zum Ufer und fickte sie hart und bedingungslos durch, bis sie die Wollust aus sich herausschrie.

Anschließend zwang Dominik sie auf die Knie, entfernte den Ingwer aus ihrem Po und fickte sie ohne Kompromisse in den Arsch, bis ihr vor Geilheit die Beine zitterten.

Dem Club-Besitzer folgten Meister Fritz und Massimo, bis Gabrielas Körper sich der Zuckungen nicht mehr erwehren konnte und sie in sich zusammensackte.

Harald und Dominik nahmen mich währenddessen ins Sandwich und auch wir gerieten in Fahrt.

Nachdem wir uns alle ein wenig erholt hatten, begannen auch schon die Heimreisen.

Albert und ich brachten Gabriela zurück.

Als wir im Fond des Chryslers Platz genommen hatten, fragte ich sie danach, wie ihr das Event gefallen habe.

„Das Vorglühen mit dem Ingwer war eine geile Sache für mich. Ich konnte es nach dem Einführen der Salbe oder des Ingwers kaum noch erwarten, endlich gefickt zu werden. Von daher haben sich unsere Chefs die richtige Behandlung für mich einfallen lassen."

„Das hat man dir auch angemerkt. Ohne SM würde dir etwas fehlen", resümierte ich.

„Das stimmt!"

Nachdem wir Gabriela abgesetzt hatten, fuhr Albert mich zum Flughafen und wir wurden mit Kestners Helikopter nach Hause geflogen.

In der Kirche

In den nächsten Tagen bekam ich ordentlich viel Arbeit.

Erstens hatte Frau Ehmrich meinen Boss um einen Besuch in ihrem Haus gebeten, weil sie sich bedanken wollte und um das Eheleben noch einmal in Fahrt zu bringen.

Mein Herr beauftragte mich, zuerst mit Frau Ehmrich einen Sexshop zu besuchen, um einige Dessous, einen für ihre Muschi passenden Dildo und einen Vibrator zu kaufen, und dann teilte er mir mit, dass ich allein zu den Ehmrichs fahren sollte.

Als ich das Haus betrat, hockte der Herr des Hauses vor dem Fernseher und war sichtlich gelangweilt.

Ich begrüßte ihn nur kurz und zog mich dann mit seiner Frau ins Schlafzimmer zurück, um ihre Muschi zu rasieren und sie bei den Dessous zu beraten.

Damit er ihre rasierte Pussy sofort bemerken würde, sollte sie lediglich eine goldene Kette auf der Hüfte tragen.

Anschließend suchte ich Herrn Ehmrich im Wohnzimmer auf. Den Fernseher hatte er inzwischen ausgeschaltet und wartete voller Neugierde darauf, was geschehen würde.

Ich wies ihn in den Gebrauch von Dildo und Vibrator ein und rief dann seine Frau dazu.

Während er sie mit Dildo und Vibrator in Fahrt brachte, blies ich seinen Schwanz hart.

Nachdem seine Frau ganz schnell einige kleinere Höhepunkte hinter sich hatte, fickte er sie durch und schaffte es, sie zum Abspritzen zu bringen.

Ich fand, dass damit der Zeitpunkt für mich gekommen war, sie zu verlassen.

Herr Ehmrich überreichte mir zum Dank einen riesigen Strauß Blumen und dann machte ich mich auf den Weg zu meinem Fitnesskurs, für den ich mich angemeldet hatte, um meinen Körper in Form zu halten.

Anschließend blieb noch Zeit für ein paar Bahnen im Schwimmbecken, ehe ich zu einem weiteren Therapiegespräch mit den Balls in die Praxis eilen musste.

Dr. Massimo Vierzi und das Paar erwarteten mich bereits.

Herr Ball hatte schon seit Jahren keine Lust mehr auf seine Frau, bekam bei ihr auch keine Erektion mehr und seine Frau hatte sich daraufhin an meinen Chef gewandt.

Herr Ball hatte sich meinem Herrn insoweit anvertraut, dass er lieber Prostituierte besuchen würde, als sich mit seiner Frau abzugeben.

Seine Ehefrau sollte davon aber niemals etwas erfahren.

Diese Sitzung nutzte der Doktor dazu, mich auf Herrn Ball anzusetzen, um Frau Ball zu demonstrieren, wie hart der Kolben ihres Mannes immer noch werden konnte.

Der Anblick schien Frau Ball in große Erregung zu versetzen und sie wollte direkt auf ihren Mann springen, doch ich bat sie zu warten und ließ zuerst mich von Herrn Ball ins Fliegen bringen.

Kurz bevor er aber abspritzen wollte, zog ich mich zurück und er nahm sich seine Frau vor.

Frau Ball war danach glücklich wie seit Jahren nicht mehr.

Beide bedankten sich bei mir und baten mich darum, eventuell noch einmal für sie zur Verfügung zu stehen.

Ich verwies sie an meinen Chef, weil er für meinen Einsatzplan verantwortlich war.

Am Ende zog mein Chef das Resümee, mit beiden Ehepartnern weiterzuarbeiten, wenn sie sich noch einmal mit Problemen melden würden, und sie baten schon einen Tag später um erneute Hilfe.

Mein Chef arrangierte daraufhin ein Blind Date, bei denen die beiden Balls mit mir und meinem Boss in völliger Dunkelheit Sex hatten.

Einen Tag später mussten wir ein weiteres Blind Date organisieren, um die Balls zufrieden zu stellen.

Erst als Herr Ball auf diese Weise ein paar Mal unwissentlich mit seiner Frau gefickt hatte und zugab, dass ihm diese Form von Sex ungeheuren Spaß machen würde, lüftete Vierzi das Geheimnis und bat die beiden Balls darum, sich Paare zu suchen, mit denen sie die Partner tauschen könnten, denn er selbst und auch ich hätten noch weitere Patienten zu betreuen.

Für mich galt es dann auch schon wieder, die Einladungen für die beiden weiteren Events des Zirkels zu schreiben und zu verschicken.

Es blieb dabei, dass die Einladungen getrennt verschickt wurden, damit die Subs im Vorfeld nicht wussten, wer sie bearbeiten und durchvögeln würde.

Albert holte wieder einmal zuerst mich ab, drückte mir meine Arbeitsanweisung in die Hand und fuhr mich zunächst zu Nila, der Näherin aus Myanmar, und dann zu Theresa, der Auszubildenden im Kestner-Konzern.

Nachdem sie zu mir in den Fond der weißen Stretchlimousine eingestiegen waren, fragte ich sie, wie es ihnen seit der Einladung zu diesem Abenteuer ergangen sei.

„Ich bin seit Tagen fürchterlich aufgeregt und konnte mich auf gar nichts mehr richtig konzentrieren“, antwortete Nila.

„Aufgeregt ist harmlos formuliert. Ich habe kaum noch schlafen können. Seit Tagen fließt heiße Erregung durch meinen Unterleib“, schloss sich Theresa an.

„Bald ist es ja soweit!“, meinte ich und forderte sie auf, sich auszuziehen und mir ihre Muschis zu präsentieren.

„Weißt du, was sie mit uns vorhaben?“, wollte Nila wissen.

„Natürlich nicht! Es soll schön spannend sein und vor allen Dingen bis zum Schluss ein Geheimnis bleiben.“

„Werden sie sich an unsere Verträge halten?“, fragte Theresa.

„Selbstverständlich! Das ist Ehrensache für die Doms“, gab ich zur Antwort und ließ mir ihre Muschi zeigen, denn mein Herr hatte den Verdacht geäußert, dass die beiden nicht ordentlich rasiert sein könnten.

Beim Anblick ihrer Haarbüsche wurde es noch im Chrysler zu meiner Aufgabe, sie zu rasieren.

Als Nächstes stand auf meiner Anweisung, dass ich ihre Muschi und ihren Anus zu ölen und ihnen schwarze Kutten zu übergeben hatte.

Albert hielt vor einer katholischen Kirche und geleitete die beiden mit mir zusammen durch das Portal in die heilige Halle.

Orgelmusik ertönte genau in diesem Moment und es brannten nur ganz wenige Kerzen, sodass kaum die Hand vor Augen zu erkennen war.

„Tretet zum Altar vor!“, forderte mein Herr.

Theresa und Nila gehorchten und spürten, dass ihnen eine ganze Horde an Männern folgte.

„Ihr habt euch beide an euren Freunden versündigt. Ist das richtig?“, fragte Vierzi, der sich hinter dem Altar positioniert hatte.

Beide schüttelten den Kopf.

„Lügen tut ihr also auch noch! Ich habe mit ihnen gesprochen“, stellte er fest, „Ihr habt ihnen im letzten Monat mindestens einmal den Liebesdienst versagt.“

„Das stimmt allerdings“, sagten beide im Chor.

„Wir werden euch dafür bestrafen. Legt eure Kutten ab, beugt euch über den Altar und präsentiert uns euren Arsch!“, herrschte mein Chef sie an.

Theresa und Nila gehorchten.

Kilian, der Zuchtmeister des Marquis, trat vor und peitschte sie abwechselnd mit dem Ochsenziemer, bis ihre Hintern gerötet und geschwollen waren.

„Setzt euch auf den kalten Stein des Altars und spreizt die Beine! Das wird eure Ärsche abkühlen“, erklärte Vierzi.

Sie taten, was er gefordert hatte.

Kilian tauschte den Ziemer gegen den Flogger und bearbeitete damit ihre Schamlippen und ihre Kitzler, bis beide bei jedem weiteren Streich laut aufstöhnten.

Dann traten die beiden Männer, Karl Sachs und Rolf Franz Kestner, an sie heran und fickten sie brutal und gnadenlos durch.

Ihnen folgten weitere Doms des Zirkels einschließlich des gesamten Vorstands.

Sie wählten abwechselnd jeweils ein anderes Eingangsloch.

Beide Frauen waren dabei von einem Orgasmus zum nächsten gekommen und ihre Körper zuckten anschließend vor Erschöpfung und Geilheit.

Als Letzte traten dann noch ihre vernachlässigten Freunde an sie heran, ließen sie aufstehen und wiesen sie an, sich auf dem Altar abzustützen.

Dann schoben sie ihnen ihre harten Kolben in den Hintern und hämmerten auf sie ein, was das Zeug hielt.

Zum Schluss übergab der Doktor den Jungs die Aufnahmeanträge für den Zirkel der Wollust.

Miro unterzeichnete sofort und somit war er das erste neue Mitglied des Zirkels.

Justin dagegen hatte Probleme damit, sich aufnehmen zu lassen, weil ihm die finanziellen Möglichkeiten fehlten, den Beitrag zu entrichten.

Mein Herr blieb hart und zeigte kein Entgegenkommen. Damit wurde Justin vorerst nicht in den Zirkel aufgenommen und er schien darüber nicht besonders traurig zu sein.

Anschließend löste sich die Gemeinschaft in der Kirche wieder auf, ohne dass der Pfarrer etwas von der Veranstaltung mitbekommen hatte.

Als wir im Chrysler Platz genommen hatten, wollte ich von Theresa und Nila wissen, wie ihnen der Abend gefallen hat.

„Ich scheine das zu brauchen. Ein Schwanz allein reicht mir wohl gar nicht mehr. Ich hoffe, dass Justin das begreifen wird. Er wird sicherlich eifersüchtig sein, wenn ich zum Halbjahresfest gehe, aber ich glaube, dass ich da nichts für ihn tun kann“, meinte Nila und Theresa ergänzte: „Das war supertoll. Ich werde mit Miro von nun an wohl öfter mal auf eine Sexparty gehen. Ich bin auch stolz auf Miro, dass er sich dem Zirkel angeschlossen hat. So hat auch er die Möglichkeit, sich mit anderen Frauen zu amüsieren, wenn ich das gerade mit anderen Männern tue.“

Anschließend fuhr Albert mich zum Helikopter und von dort ging es zusammen mit Massimo nach Hause zurück.

Bei den Sportlern

Bevor es mit einem weiteren Zirkelabenteuer weiterging, hatte ich die Balls noch einmal dabei zu unterstützen, wieder Spaß aneinander zu finden.

Im Anschluss an unsere Zusammenkunft, bei der beide Ehepartner mehrmals ihre Höhepunkte bekommen hatten, bedankten sie sich bei mir mit einer Flasche Champagner.

Danach musste ich zum nächsten Zirkelevent eilen.

Albert fuhr Maria, die Vorstandsvorsitzende eines Verlages für Frauenliteratur, und mich nach meinem Fitnesstraining zum Bahnhof.

Zur Erinnerung für die Leser dieses Protokolls will ich hier noch einmal erwähnen, dass Johann Friedrich Kestner die Novizin Maria für diesen Part vorgeschlagen hatte, damit sie mal von ihrem hohen Ross herunterkäme, auf dem sie seiner Ansicht nach immer noch säße, obwohl er sie nun schon seit geraumer Zeit bearbeiten würde.

Nachdem Maria zu mir in den Fond des weißen Chryslers gestiegen war, konnte ich ahnen, was Kestner meinte, obwohl ich zugeben muss, dass Marias Ansicht mir durchaus gefiel.

„Was haben die vor? Die denken tatsächlich, dass sie kein Wort mit uns Frauen reden müssen und wir uns über alles freuen müssten, was sie uns vorsetzen“, sprudelte es aus ihr heraus.

„Ich weiß nicht, was sie vorhaben. Vermutlich informieren sie mich nicht, damit ich nichts verrate, aber Kestner ist der Ansicht, dass dir ein wenig die Demut fehlt.“

„Siehst du, das meine ich! Die Demut fehlt mir ganz und gar nicht. Sonst wäre ich wohl kaum hier. Ich möchte nur meine menschliche Autonomie behalten und nicht zur Lebenssklavin werden, und dann möchte ich wissen, was auf mich zukommt. Das kapiert er einfach nicht und ich glaube dir nicht, dass du nichts weißt“, herrschte sie mich an.

„Pass auf, das ist unpassend! Ich habe einen Auftrag und den erfülle ich nur. Darüber hinaus weiß ich nichts. Halte dich an die Spielregeln oder steig aus!“, antwortete ich ihr.

Maria blieb sitzen und sagte keinen Ton mehr.

„Also gut! Ich gehe jetzt davon aus, dass du mitspielen willst. Zieh dich aus!“, befahl ich ihr nach ein paar Minuten des Schweigens.

Maria tat, was ich von ihr gefordert hatte.

„Präsentiere mir deine Fotze!“, sagte ich immer noch einigermaßen zornig.

Maria gehorchte widerwillig.

„Weiter! Mach deine Beine weiter auseinander!“, befahl ich ihr mit barschem Tonfall.

Maria gehorchte und war im weiteren Verlauf eigentlich auch gar nicht mehr widerspenstig, wie ich es nach Kestners Ankündigung erwartet hatte.

Ich deponierte ein ferngesteuertes Vibroei in ihrer feuchten Möse und probierte es auch direkt einmal aus.

Kestner hatte diesem Ei eine enorme Vibrationskraft verleihen lassen, und so zuckte Maria schon bei der Hälfte der Leistungsfähigkeit ganz gewaltig zusammen und wünschte sich von mir, sofort zu einem Orgasmus gebracht zu werden, doch das verweigerte ich ihr auftragsgemäß.

Anschließend reichte ich ihr eine durchsichtige Bluse und einen kurzen Glockenrock zum Anziehen.

Maria wünschte sich wegen des Vibroeis voller Demut einen Slip.

„Du trainierst deine Fotze, wenn du sie zusammenkneifen musst, damit das Ei bleibt, wo es ist. Untersteh dich, mit deinen Fingern nachzuhelfen!". antwortete ich ihr, weil ich den Auftrag hatte, sie ohne Slip und BH in den Zug zu bringen.

Am Bahnhof führte ich sie dann zu einem S-Bahn-Abteil, das randvoll ausschließlich mit ausgewählten männlichen Fußballfans gefüllt war, ließ sie dort in das Abteil einsteigen und wartete noch so lange, bis der Zug anfuhr.

Von da an hatte sie keine Gelegenheit mehr, dem Abteil zu entkommen.

Alle Sitzplätze waren belegt und selbst im Gang war kaum ein Stehplatz für Maria vorhanden.

Noah, der Hausmeister des Marquis, hatte den Auftrag erhalten, sich unter die Fans zu mischen und mir per Handy von dem zu berichten, was die Fans mit Maria anstellten.

Nachdem der Zug angefahren war, rückten die Männer so nah wie möglich an sie heran, berührten sie an den Brüsten, an ihrem Hintern und auch an der Muschi.

In diesem Augenblick ließ ich den Motor des Vibroeis anlaufen und Maria begann sich an allem zu reiben, was die Männer ihr entgegenhielten.

Da waren zuallererst die Hände, dann die Oberschenkel und nicht zuletzt hatten einige Männer auch ihre Schwänze ausgepackt und sie rieb sich an ihnen wie eine läufige Hündin.

Die gesamte Atmosphäre sorgte dafür, dass Maria am Zielbahnhof ausstieg und der Saft der Wollust an ihren Beinen hinunterlief, wie ich sehen konnte.

Dort nahm ich sie nämlich wieder in Empfang, fuhr mit ihr und den Fans in einem Bus zur Sporthalle, brachte sie zu der Umkleidekabine der Fußballer und drückte ihr ein Handy in die Hand.

Die Fans, die sich mit ihren ausgepackten Schwertern an Maria gerieben hatten, durften mit ihr zusammen die Umkleide betreten.

Das Vibroei fuhr ich in diesem Moment erneut auf volle Kraft hoch.

Nachdem die Tür verschlossen war, rief ich sie an. „Setz dich auf die Bank, spreiz die Beine, schieb deinen Rock so hoch, dass deine Fotze frei liegt und entfern das Vibroei!“, befahl ich und Maria schien zu gehorchen.

„Fordere die Männer auf, dich zu ficken!“, wies ich sie an.

Maria schien zu gehorchen, denn das Stöhnen der Kerle wollte kein Ende mehr finden und auch sie schrie letztendlich die Wollust aus sich heraus.

Als die Sportler der Heimmannschaft in der Halbzeitpause in die Kabine kamen, tobte das Bacchanal auf Höchsttouren. Der Trainer verbot seinen Spielern aber, Hand an Maria zu legen. Wenn sie das Spiel gewinnen würden, sei die alte Schlampe nur für sie da, aber nur dann.

Als das Spiel endlich bei einem Sieg für die Heimmannschaft abgepfiffen wurde, stürmten die Kerle in die Umkleide und nagelten, so verschwitzt wie sie waren, gnadenlos auf Maria ein.

Am Ende konnte sie behaupten, dass sie so um die dreißig Schwänze, etliche davon eben mehrfach, in sich gehabt hatte und dadurch selbst mehr als befriedigt worden war.

Albert und ich nahmen sie in Empfang.

„Wie war's?", wollte ich wissen.

„Ich lerne dazu. Vielleicht ist es doch ganz gut, wenn ich vorher nicht weiß, was bei solchen Events auf mich zukommt. Und ich glaube inzwischen auch, dass ich mein Spektrum im Vertrag durchaus erweitern kann. Mir scheint einfach alles Spaß zu machen und manches werde ich wohl ausprobieren müssen, um es dann eventuell doch noch aus meinem Repertoire zu nehmen."

„Das werde ich dem Vorstand ausrichten. Kestner wird das wahrscheinlich am meisten freuen", meinte ich, als wir sie absetzten.

„Kestner ist mein Herr, ich bin glücklich, wenn er mit mir zufrieden ist, aber ich mache das nicht nur für ihn, sondern auch deshalb, weil ich selbst meinen Horizont erweitern will. Bestell ihm einen schönen Gruß! Ich erweitere zwar mein Repertoire, aber seine Sklavin werde ich noch lange nicht. Im Alltag bleibe ich eine emanzipierte Frau", sagte sie, als wir uns mit einer herzlichen Umarmung voneinander verabschiedeten.

Dann brachte Albert mich zum Kestner-Konzern, wo der Helikopter auf mich wartete, um uns wieder auf die Südseite der Alpen zu bringen.

Im Geräteraum

Massimo hatte vor ein paar Tagen zur letzten Vorstandssitzung vor dem Halbjahresfest eingeladen und mir dafür aufgetragen, den roten Lederharnisch anzuziehen, meinen Darm mit dem Klistier zu reinigen, meinen Anus mit einem Plug vorzudehnen und das Vibroei in meiner Muschi zu deponieren.

Erneut trafen wir uns in seinem Besprechungszimmer.

Dieses Mal hatte er einen Strafbock darin aufgestellt, auf den ich mich knien sollte, nachdem ich die Fotos und Verträge der nächsten Eventsubs auf dem Tisch für die Herren des Vorstands bereitgelegt hatte.

Zuerst blätterten sie alle in den Unterlagen herum und unterhielten sich darüber, zu welchem Abenteuer sie am besten welche Sub entsenden würden.

Das Gespräch über deren Gesichter, Figuren, Titten, Fotzen, Ärsche, Vorlieben und bevorzugte Spielarten schien sie so sehr aufzugeilen, dass sie zu keinem Ende fanden, ohne sich vorher auf mich zu stürzen.

Als mein Herr die Erregung seiner Vorstandsmitglieder erkannte, ließ er als erstes ein paar Minuten das Vibroei in mir arbeiten.

Kestner entfernte als nächstes den Plug aus meinem Po und hämmerte direkt gnadenlos auf mich ein, bis er sich auf meinem Rücken entladen hatte.

Die beiden anderen vögelten mich kurz danach in die Muschi und in den Mund, bis auch sie sich entladen hatten.

Dann erst waren sie wieder in der Lage, die Reihenfolge der Subbenutzung festzulegen.

Mit Scarlett, der Sklavin von Meister Greg, Eva, der ledigen Sklavin, Ekatharina, der Sklavin von Herrn Harald, Josefine und Emmanuelle, den Dienerinnen des Marquis, waren ganz hochkarätige Sklavinnen am Start, mit denen alle Spielarten möglich waren.

Sandra und Myriam standen ihnen nicht viel nach, dennoch waren bei ihnen gewisse Einschränkungen zu berücksichtigen.

Auf Svenja und Astrid war noch ganz viel Rücksicht zu nehmen.

Vera, die Designerin im Kestner-Konzern, hatte im Gegensatz zu Svenja und Astrid überall dazugeschrieben, dass sie alles einmal ausprobieren wollte.

„Wenn Vera alles einmal ausprobieren will, dann bieten wir ihr eben ein Mega-Event. Dann sieht sie endlich klar. Ich weiß auch jetzt schon, dass die alle Spielarten mögen wird. Die ist ein so geiles Luder, dass ich mir das gar nicht anders vorstellen kann“, meinte Kestner, und die beiden anderen Vorstandsmitglieder nickten ihm zustimmend zu, ehe sie mich noch einmal ins Sandwich nahmen und mir beide Löcher gleichzeitig stopften.

Vierzi hatte mich anschließend damit beauftragt, den Stundenplan von Scarlett, der Lehrerin mit den schmalen Hüften und dem rötlichen Haar, von Meister Greg, ihrem Dom, einzufordern. Ich sollte dafür sorgen, dass ihr Handy an dem Tag, den mein Herr anhand ihres Stundenplans ausgesucht hatte, eingeschaltet war und sich in ihrer Nähe befand.

Zusätzlich hatte ich darauf zu achten, dass sie so wenig wie möglich davon mitbekam, was hinter ihrem Rücken geplant wurde.

Obendrein sollte ich sie telefonisch darum bitten, mich an besagtem Tag in ihrer Schule zu empfangen, um mit ihr über das nächste Event zu sprechen, das ich in unserem Gespräch aber auf das kommende Wochenende verlegen sollte, sodass sie keinen Verdacht schöpfen konnte.

Sie freute sich, mich zu sehen, weil sie hoffte, endlich an der Reihe zu sein.

„Ich finde es richtig spannend, wie unser Vorstand so agiert. Ich meine, du überfällst mich hier auf der Arbeit. Ich habe meinen Kollegen erzählen müssen, dass du eine ehemalige Schülerin von mir bist. Plötzlich hat man bereit zu stehen. Das ist irgendwie auch schön. Weißt du, was sie am Wochenende mit mir vorhaben?", wollte sie wissen.

„Das weiß ich nicht, aber sie haben mir aufgetragen, dir zu befehlen, dass du ab sofort immer dein Handy bei dir hast. Es kann sein, dass sie dich instruieren wollen."

„Im Unterricht werde ich es auf stumm stellen müssen, aber die Herren können sich darauf verlassen, dass ich es bei mir habe", erklärte Scarlett und ich machte mich auf den Weg.

Nachdem sie ihre letzte Stunde gehalten hatte, rief ich sie noch einmal an: „Kannst du bitte in den Geräteraum kommen, ich scheine mich hier selbst eingesperrt zu haben", bat ich sie im Auftrag meines Herrn.

„Was machst du dort?"

„Ich sollte mich im Auftrag des Vorstands in deiner Schule umsehen. Da habe ich mir eben auch die Sporthalle angesehen und ich habe mich dann vor einem Lehrer verstecken müssen", erklärte ich, während sie sich direkt auf den Weg zu mir machte.

Nachdem Scarlett das Tor zum Geräteraum geöffnet hatte, drückte sie auf den Lichtschalter.

Da das Licht aber nicht funktionierte, rief sie nach mir und ich wimmerte auf Befehl meines Chefs aus der hintersten Ecke des Abstellraums.

Sie tastete sich vor.

Dominik stülpte ihr von hinten einen Sack über den Kopf.

Sie schrie um Hilfe.

„Halts Maul, du Fickfotze!“, forderte Vierzi. „Benimm dich wie ein Mitglied des Zirkels!“, sagte er und zerrte ihre Gymnastikhose auf die Knöchel.

Sie stolperte und fiel hin, aber sie schrie nicht mehr.

Kestner zog ihre Beine nach oben und fesselte sie an die Barrenholme.

Dominik zerschnitt ihren Slip und bearbeitete ihren Kitzler mit dem Flogger, bis ihr jeder Hieb einen Schrei der Wollust entlockte.

Ucka schob ihr zuerst zwei Finger in die nasse Muschi, hatte zum Schluss seine Faust darin und brachte sie von einem Orgasmus zum nächsten.

Kestner ließ sie wieder zu Boden und zwang sie an ihren Haaren auf die Knie.

Kilian fickte sie von hinten hart und bedingungslos durch, bis sie am ganzen Körper zitterte.

Walter ließ sie sodann wieder aufstehen.

Sie sollte sich seitlich zum Barren mit einer Hand am Barrenholm festhalten.

Er nahm ihr rechtes Bein auf seinen Unterarm und schob ihr seinen XXL-Kolben bis zum Anschlag in die Muschi, während Stefan seinen

XXL-Kolben gleichzeitig in ihren Hintern drückte und so hämmerten beide Kerle auf sie ein, bis sie abspritzte und in einem Dauerorgasmus in sich zusammenbrach.

Zum Schluss kannten Kestner, von Otterbach und mein Herr keine Gnade mit Scarlett und vögelten sie durch, bis sie völlig erschöpft dalag und sich ihren Zuckungen ergab.

Nach ein paar Minuten löste sich die Männergemeinschaft auf, weil der Nachmittagssportunterricht begann.

Ich blieb noch eine Weile bei Scarlett, bis sie sich allmählich beruhigte.

„Das war dein Date. Ich hatte geflunkert, als ich vom Wochenende sprach. Da haben sie für dich nichts geplant. Sie wollten dich heute überraschen“, erklärte ich.

„Das ist schade, weil das hier so was von geil war, so etwas habe ich noch nie erlebt. Sex am Arbeitsplatz. Tolle Idee von den Herren! Wie sind die eigentlich in den Geräteraum gekommen?“, fragte Scarlett.

„Ich habe mich in der Pause in die Halle geschlichen und habe am Ende der letzten Stunde die Männer hereingelassen. Ich werde ihnen ausrichten, wie sehr es dir gefallen hat. Das wird sie freuen. Mach’s gut!“, sagte ich und verabschiedete mich dann auch von ihr.

Vor der Schule erwartete mich mein Herr in der Stretchlimousine.

Albert brachte uns zum Gelände des Kestner-Konzerns und von dort wurden Vierzi und ich nach Hause geflogen.

Wald Bergsteigerhütte

Der Marquis de Lacy hatte sich selbst und seinen beiden Sklavinnen, Josefine und Emmanuelle, nach unserer Planung der nächsten Events einen Urlaub in der Natur verordnet, ohne ihnen von dem eigentlichen Grund zu berichten.

Mein Boss hatte sie daraufhin zu einer Bergwanderung durch die Alpen eingeladen.

Ich musste mir dafür noch geeignete Kleidung und Schuhwerk zulegen und fuhr nach meinem Fitnessprogramm und einem Besuch bei den Ehmrichs, die wieder einmal Unterstützung in ihrem Sexualleben benötigten, in die Stadt, um mir Outdoorkleidung zu besorgen.

Udo Sailer, der auserkorene Bergführer, nahm die Wandergruppe, die aus mir, Josefine, Emmanuelle, dem Marquis, Johann Friedrich Kestner, Vierzi und Bachmann, dem Privatdetektiv, bestand, am Fuß des zu erklimmenden Berges in Empfang. Wir fuhren zunächst einmal mit Seilbahnen und Liften so weit wie möglich nach oben.

Von dort ging es dann zu Fuß weiter.

Als es zu dämmern begann, musste Sailer eingestehen, dass er das avisierte Domizil für die Nacht nicht mehr erreichen würde. Er habe sich mit der Fortbewegungsgeschwindigkeit der Gruppe schlichtweg vertan.

Vor allen Dingen die beiden Sklavinnen des Marquis bekamen es ein wenig mit der Angst zu tun und Sailer musste sie damit beruhigen, dass er eine verlassene Bergsteigerhütte kenne, die sie vor Einbruch der Dunkelheit ganz sicher noch erreichen würden, sodass er mit großer Wahrscheinlichkeit eine Übernachtung im Freien ausschließen könne.

Im Schein ihrer Stirnlampen schafften wir es dann tatsächlich, an der Hütte anzukommen, und Sailer öffnete die Tür.

Der große Gemeinschaftsraum wurde sodann mit ein paar Kerzen beleuchtet, mit einem Kaminfeuer aufgeheizt und jeder kramte seine übriggebliebenen Essensreste hervor, um bei zwei Flaschen Rotwein, die mein Boss und Kestner mitgeschleppt hatten, alles zu verzehren, was vorhanden war.

Ich wurde das Gefühl nicht los, dass dies alles nur inszeniert war, sagte aber nichts, um die inzwischen durchaus als romantisch zu bezeichnende Stimmung nicht zu gefährden.

„Ich bin der Meinung, dass wir unserem Bergführer trotz der Widrigkeiten zu Dank verpflichtet sind, und denke dabei an die Benutzbarkeit unserer Damen“, sagte Vierzi, während Udo weitere Holzscheite in den Kamin legte und ihm dann lauthals beipflichtete.

„Hast du eine Vorliebe?“, fragte mein Herr nach.

„Fangen wir mal mit dem farbigen Mädchen an! Dann werden wir sehen, wozu wir noch in der Lage sind“, meinte Sailer, während er wieder in der Runde Platz nahm.

Ich fühlte mich zuerst gar nicht angesprochen, da stieß mich Meister Greg an.

Vierzi stand ebenfalls plötzlich neben mir und zerrte mich auf die Beine.

„Spinnst du?“, wollte er von mir wissen und ich schüttelte den Kopf.

„Wieso?“, fragte ich, weil ich immer noch nicht ganz begriffen hatte, dass Sailer mich vorgesehen hatte.

„Wir werden dich für deine Trägheit bestrafen, du alte Schlampe!“, herrschte Massimo mich an, drückte mich an meinem Nacken auf den Boden, forderte Bachmann auf, meine Klamotten mit dem Brotmesser zu zerschneiden, und ließ sich sodann von Kestner einen Stuhl geben, auf dem er mich mit einem Sicherungsseil fesselte, indem er meine Arme auf der Rückseite zusammenschnürte, meine Beine an der Sitzfläche befestigte und meine Füße an den Stuhlbeinen festband.

Soweit die Seile es hergaben, zog er meinen Hintern an den Rand des Sitzes, drückte meine Beine mit seinen Knien noch weiter auseinander, als sie es ohnehin schon waren, schob zuerst zwei, dann drei, vier Finger und zuletzt die ganze Hand in meine Muschi und bearbeitete sie so heftig, dass ich mehrmals hintereinander abspritzte.

Anschließend trat Sailer an mich heran und ließ mich seinen Schwanz hart blasen, um dann Kestner und Vierzi zu bitten, den Stuhl mit mir anzuheben, sodass er mich im Stehen knallhart durchficken konnte, bis ich die Hütte mit meinen Lustschreien erfüllte.

Die anderen Kerle ließen es sich nicht nehmen, mich vom Stuhl zu befreien, auf den Tisch zu legen und ebenfalls in all meine Löcher zu vögeln.

Da Sailer noch nicht genug zu haben schien, schnappte er sich Josefine, drückte sie gegen die Wand, griff ihr unter den Rock, den sie zwischenzeitlich angezogen hatte, zerriss ihren Slip und hämmerte mit seinem Kolben auf sie ein, bis er noch einmal abspritzte.

Währenddessen verging sich Meister Greg an Emmanuelle.

Dann tauschten die Kerle mehrfach die Frauen, bis jeder Mann mindestens einmal in jeder Frau gewesen war.

Sobald sich bei einem der Männer wieder etwas in der Hose tat, war eine von uns Frauen an der Reihe.

Am nächsten Morgen fickte mich Sailer am Waschbecken noch einmal durch, ehe wir ohne

Frühstück zu dem angestrebten Hotel aufbrachen, um dort dann endlich zu brunchen.

In einer ruhigen Minute erkundigte ich mich bei Josefine und Emmanuelle danach, wie sie den Aufenthalt in der Hütte empfunden hatten.

„Ohne Ficken taugt das ganze Leben nichts. Wir sind voll und ganz auf unsere Kosten gekommen, weil sich die Herren unserer so bedient haben, wie man Sklavinnen eben benutzt", erklärten beide wie aus einem Munde.

Noch am gleichen Tag hörte ich zu, als sich Udo bei meinem Boss danach erkundigte, ob er mich für seine Geburtstagsparty ausleihen könne.

Als Präsident des Zirkels formulierte Vierzi seine Bedingung für das Ausleihen, nämlich dass Sailer dem Zirkel beitreten müsse, wenn er an so etwas Interesse habe, und stimmte der Nachfrage dann aber sofort zu, als Sailer den Aufnahmeantrag unterzeichnet und ihm einen Tag später zugemailt hatte.

Der Bergführer höchstpersönlich holte mich vom Haus meines Chefs ab und fuhr mich zu seinem Anwesen in einem Dorf, das von den Häusern her höchstens zwanzig Einwohner zählen konnte.

Ich wurde das Gefühl nicht los, dass alle potenten Männer des Dorfes auf der Feier, die in Sailers Garten stattfand, versammelt waren und mich bereits sehnsüchtig zu erwarten schienen, denn ich war die einzige Frau auf der Party.

Zusätzlich schienen noch ein paar andere Bergführer ihren Spaß an mir haben zu wollen, denn Sailer stellte sie mir als seine Kollegen aus der Umgebung vor, während ich zu Beginn von ihm herumgeführt und vorgestellt wurde.

Selbst einen Farbigen entdeckte ich in dieser Gruppe, kam aber nicht mit ihm ins Gespräch, weil Sailer mir keine Sekunde Zeit dazu gönnte.

Als es ein wenig später zu dämmern begann, ließ Sailer Orgelmusik ertönen und verkündete meine Präsentation auf der Terrasse.

Alle Männer bildeten einen Kreis um mich herum und ich kam beim flüchtigen Zählen auf mehr als dreißig Männer, die sich da aufgebaut hatten.

So viele Kerle hatte ich noch nie auf einen Schlag an mich herangelassen und ich bekam ein wenig Respekt vor der Aufgabe, die sich in diesem Moment abzeichnete.

Würde ich die alle befriedigen können?

Sailer trat an mich heran und schob mich aus der Mitte des Kreises auf einen der Männer zu.

Ich bekam noch mit, dass sich die anderen sofort auf mich zubewegten und der Kreis somit immer enger wurde, bis die Kerle wild durcheinander standen. Sie zerrten an meinem Kleid, bis sie die Träger meines Kleides zerrissen, und zogen es über meinen Kopf, sodass ich nur noch im Slip und BH dastand.

Mir unbekannte und nicht zuzuordnende Hände zerfetzten meinen Slip und meinen BH, griffen mir an die Brüste und in den Schritt, schlugen mir auf die Brüste und den Hintern.

Die gleichen Hände drückten mich zu Boden und harte Flinten bohrten sich in meine Kehle, während sich etliche Kerle hinter mich knieten und mich gnaden- und bedingungslos durchfickten, bis ich mich wegen der zittrigen Beine nicht mehr auf den Knien halten konnte.

Dann trugen mich einige Kerle zur Sitzbank, setzten mich darauf, zogen meine Beine hinter meinen Kopf und unzählige Schwänze hämmerten auf mich ein, bis ich aus dem Dauerorgasmus nicht mehr herauskam.

Am Ende kam Sailer zu mir und gratulierte mir dazu, dass ich es ganz allein geschafft hätte, all seine Gäste und Freunde zu befriedigen. Es sei die schönste Geburtstagsfeier seines Lebens gewesen und daran hätte ich hundertprozentigen Anteil. Ich könne stolz auf mich sein, fügte er hinzu, und ich musste zugeben, dass ich das auch war.

Dennoch gab es einen Wermutstropfen.

Leider war der Farbige unter Sailers Gästen ein Afrikaner, der meinen Vater gut kannte und wohl umgehend über meine Umtriebe informierte hatte, sodass mein Vater sofort damit begann, mich aufzufordern, das Praktikum bei Vierzi zu beenden und auf der Stelle zu ihm nach Hause zu kommen. Das sei ich ihm, meiner verstorbenen Mutter und meinem Großvater einfach schuldig.

Auch wenn ich seine Forderung ignorierte, so wusste ich sofort, dass er mir noch große Schwierigkeiten bereiten würde.

Im Club

Mein Vater gab, wie zu befürchten war, tatsächlich keine Ruhe und drohte mir an, mich im Notfall auch mit Gewalt von meinem Chef wegzuholen.

Ich versuchte weiterhin, seine Drohungen zu ignorieren, aber er hatte herausbekommen, dass ich für die erkrankte Sprechstundenhilfe eingesprungen war, und er terrorisierte mich mit permanenten Anrufen auf dem Praxisanschluss.

Er schien unter großem Druck zu stehen, denn er hatte – wie ich später noch erfahren sollte – in seiner Hilflosigkeit Rat bei seinem Vater gesucht, und der steckte noch viel tiefer in den alten Traditionen fest als er.

Nun hatte mein Vater meinem Großvater zu beweisen, dass er sein Kind erziehen konnte.

Ich verstand sein Dilemma, konnte aber nichts für ihn tun, denn mit meinem Großvater hatte ich wegen seiner viel zu konservativen Vorstellungen über Frauen schon seit Beginn meines Studiums keinen Kontakt mehr, und ich hatte auch keine Lust darauf, von John, meinem Vater, tyrannisiert zu werden.

Lediglich die Androhung meines Chefs, meinen Vater bei der Polizei anzuzeigen, ließ eine vorübergehende, aber zugleich auch nahezu verdächtige Ruhe einkehren, weil ich wusste, dass mein Vater und erst recht mein Großvater niemals freiwillig Ruhe geben würden.

Für das nächste Abenteuer fiel mir die Aufgabe zu, Eva, die vom Marquis de Lacy ausgebildete Sexsklavin, und die noch fast ganz unerfahrene, aber dennoch für alles offene Sandra, ehemalige Praktikantin im Kestner-Betrieb, zusammen mit Albert abzuholen und in den Club 69 zu begleiten.

Das junge Ding wollte wissen, was da mit ihr geplant sei.

„Du musst dich überraschen lassen. Ich werde extra nicht eingeweiht, damit ich nichts verraten kann. Fast alle Frauen, die ich begleiten durfte, haben mich immer wieder danach gefragt."

„Das fällt mir aber so unendlich schwer", antwortete sie mir.

„Das glaube ich dir gern und kann es doch nicht ändern."

In der Umkleide sollte ich Sandra einen so großen Analplug setzen, dass die Vordehnung ausreichen würde, den XXL-Kolben von Sir Steven problemlos aufzunehmen.

Für Eva hatte Herr Rob Tigerbalsam in der Muschi und im Hintern vorgesehen, die ich ihr verabreichen sollte, bevor sich beiden Frauen an die Bar begeben würden.

Als ich die beiden sichtlich erregten Subs an die Bar führte, wartete dort bereits eine unüberschaubare Menge an Männern.

Rolf nahm Sandra an die Seite und schaute sich mit ihr zusammen an, was die Kerle mit Eva, die vor innerer Erregung bereits am ganzen Körper zitterte, anstellen würden.

Der Balsam schien seine Wirkung schon zu entfalten.

Kaum war Eva an die Bar getreten, schloss sich der Kreis der Männer um sie herum, und schon wenige Sekunden danach wurde sie von unzähligen Händen auf die Knie gedrückt, wo sie einen Schwanz nach dem anderen zu blasen hatte.

Sehr viel später zog mein Herr Eva wieder auf die Beine, hob sie auf die Theke der Bar, spreizte ihre Beine, indem er ihr rechtes Bein festhielt und Stefan ihr linkes Bein fixierte.

Anschließend wurde Eva von allen anwesenden Männern in ihren beiden Löcher durchgefickt, bis sie mehrfach abspritzte und die Wollust so laut aus sich herausschrie, dass der gesamte Saal rund um die Bar mit ihren Schreien erfüllt war.

Nachdem die Kerle mit ihr fertig waren, trat Sir Steven an Sandra heran, die noch in den Armen Kestners ruhte, und wies sie an, sich über den aufgestellten Bock zu beugen und sich auf die Trittbretter zu knien.

Er zog den Plug aus ihrem Hintern, nahm Gleitcreme, salbte ihren Hinterausgang und rammte seine Flinte mit einem harten und gnadenlosen Stoß in ihren Po.

Sandra schrie auf, aber Ucka hämmerte bedingungslos weiter auf sie ein, bis er sich auf ihrem Rücken entlud und mehr als zehn Männer erwählte, die es ihm gleichtun sollten.

Nachdem die Kerle mit Sandra fertig waren, ließ mein Boss weitere Frauen in die Bar hereinführen und eröffnete die Gruppensexorgie, bei der freie Partnerwahl war.

Auch ich wurde schon wieder einmal herangezogen und kam erneut voll und ganz auf meine Kosten.

Irgendwie wurde das Leben als Zirkelzofe immer reizvoller und ich war bereits daran gewöhnt, fast täglich Sex zu haben.

Kurz nach Mitternacht fiel mir die Aufgabe zu, Eva und Sandra nach Hause zu begleiten.

„Wie hat's euch gefallen?", sollte ich von ihnen fürs Protokoll in Erfahrung bringen.

„Du schreibst das Protokoll, nicht wahr?", fragte Eva.

„Ja genau, das ist aber nicht der einzige Grund, weshalb ich euch frage. Der Vorstand überlegt ständig, was man noch verbessern könnte."

„Da gibt es nicht viel zu verbessern. Ich bin ins Fliegen gekommen wie schon lange Zeit nicht mehr. Das Figging ist total toll für mich“, meinte Eva.

„Ich bin auch mehr als glücklich und vollkommen befriedigt“, schloss sich Sandra an.

„In deinem Vertrag hast du ja alles angekreuzt, obwohl du doch bestimmt noch nicht mit allen Spielen Erfahrungen hast sammeln können. Willst du eigentlich dabeibleiben?“, fragte ich Sandra.

„Ich habe nur ganz wenige Sachen davon am eigenen Körper erfahren, aber ich bin offen für alles und neugierig darauf, wie mein Körper darauf reagieren wird. Ich bin masochistisch veranlagt und von daher stelle ich mir das alles ganz toll vor.“

„Also, gut, dann werde ich das dem Vorstand so ausrichten“, sagte ich und verabschiedete mich von ihnen.

Albert brachte mich zum Helikopter und dann wurden Vierzi und ich nach Hause geflogen.

Im Park

In Vierzis Praxis hatte sich ein Mann aus L. angemeldet, der es nicht mehr aushielt, dass seine Ehefrau ihn permanent betrog.

Mein Boss hörte ihm einfach nur zu, sagte kein einziges Wort, erkundigte sich am Ende seiner Rede nach seinem Frauengeschmack und beendete anschließend die Sitzung mit dem Hinweis, dass man sich in zwei Tagen zur gleichen Zeit am gleichen Ort wiedersehe.

Der Mann aus L. war pünktlich da und Vierzi ließ ihn dann mit Gabriela allein in seinem Besprechungszimmer.

Nach gut einer Stunde kehrten mein Herr und ich zurück und fanden einen glücklichen und zufriedenen Mann aus L. vor.

Gabriela hatte ihn augenscheinlich in das SM-Liebesspiel eingewiesen.

„Stört es Sie immer noch so massiv, dass Ihre Frau Sex mit anderen hat?“, wollte mein Chef wissen.

„Durchaus, aber es belastet mich nicht mehr so stark, weil ich selbst erfüllten Sex hatte.“

„Berichten Sie Ihrer Frau von der heutigen Sitzung! Einigen Sie sich eventuell mit ihr darauf, gleichberechtigt Sex mit anderen haben zu dürfen oder eben darauf, dass Sie beide darauf verzichten

“, antwortet Vierzi.

Bereits einen Tag später bat der Mann meinen Herrn darum, ihm eine weitere Dame aus dem Zirkel zuzuführen, denn seine Frau sei zu keinem Verzicht bereit.

Mein Herr wies den Mann aus L. auf die Möglichkeit der Mitgliedschaft im Zirkel hin und erhielt umgehend den unterschriebenen Aufnahmeantrag.

Mein Chef lud ihn daraufhin direkt zum nächsten Event ein.

Für dieses Zirkelabenteuer hatte der Vorstand Vera, die Chefdesignerin in Kestners Konzern, auserkoren.

Meine Aufgabe war es dabei, sie mit Albert an den Rand des Stadtparks zu bringen.

Auch sie war neugierig und wollte von mir wissen, was mit ihr geplant sei, und auch sie konnte ich nur darauf vertrösten, abzuwarten und sich überraschen zu lassen. Sie sei Profi genug, dass sie das hinbekommen würde.

Ich hatte Vera dann entsprechend der Vorgaben des Vorstands zu präparieren. Neben einem BH, einem Slip, High Heels, einem Rock und einer Bluse sollte sie einen Mantel gegen die Kälte tragen.

Es dämmerte bereits, als ich sie am Rand des Parks verabschiedete.

„Du wirst mich nicht begleiten?“, wollte Vera wissen

„Nein, niemand wird dir beistehen, du schaffst das ganz allein. Und genieße es!“, sagte ich zum Abschied und wies ihr den Weg durch den Park bis zur ehemaligen Konzerthalle, die sie in gut einer Viertelstunde erreichen müsse. „Dort wird man dich erwarten. Hab keine Angst vor ihnen! Wegen der Kälte wird es nicht lange dauern, bis man dich an dem vereinbarten Ort in Empfang nehmen wird.“

Vera machte sich auf den Weg und ich sah schon nach zehn Metern nur noch ihre Silhouette. Ich winkte ihr noch einmal zu, setzte mich dann in die Stretchlimousine und Albert fuhr los.

Wenige Meter später versperrten Vera die immer dichter stehenden Bäume den Blick auf Straße und Häuser.

Sie habe sich allein gefühlt und die aufkommende Angst habe sie erregt, aber sie sei tapfer weitergegangen, berichtete sie mir später.

Nur eine Minute später habe sie gehört und gesehen, dass ihr eine dunkle Gestalt gefolgt sei.

Von dort, wo sie inzwischen im Park angekommen sei, habe sie weder die Häuser noch die eventuell rettende Konzerthalle sehen können, von der ich ihr berichtet hatte und wo jemand auf sie warten sollte.

Sie war verloren, wenn die Gestalt es auf sie abgesehen hatte, oder sie müsste die Stiefel ausziehen und barfuß fortrennen, aber selbst dann wäre sie vermutlich nicht schnell genug. Sie war nie gut beim Rennen gewesen.

Es schien sich bei dem Fremden hinter ihr um einen Mann gehandelt zu haben. So viel sei ihr klar gewesen.

Er sei ihr immer näher gekommen, augenscheinlich habe es sich vom Körperbau her um einen großen und starken Mann gehandelt, der obendrein maskiert gewesen sei.

Sie habe gerade die hochhackigen Stiefel ausziehen wollen, als sie jemand von vorne gestoppt und daran gehindert habe.

Ein weiterer maskierter Mann, der ihr sofort den Arm auf den Rücken gedreht habe und sie mit derbem Griff festgehalten habe, bis der Kerl hinter ihr sie erreicht habe.

Sie schrie um Hilfe.

Von der Seite sei ein dritter Maskierter auf sie zugesprungen, habe ihr einen Knebel in den Mund gesteckt und den mit Panzertape festgebunden.

Sie habe zu treten versucht, doch der Mann von vorn habe vorher das Bein zu fassen bekommen und der, der den Knebel gesetzt hatte, habe das zweite Bein gefasst.

Gemeinsam hätten sie ihre Beine zusammengebunden und hätten dann auch noch ihre Arme auf dem Rücken gefesselt.

Der stämmigste der Kerle habe sie sich über seinen Rücken gelegt und sie zum ehemaligen Konzerthaus getragen, das aber inzwischen einen recht verfallenen Eindruck gemachte habe.

Da ich dort auf sie wartete, ohne dass sie mich sehen konnte, brauchte sie mir aber von diesem Augenblick nicht weiter zu berichten.

Niemand schien dort auf sie zu warten, wie ich es ihr noch vor wenigen Minuten versprochen hatte.

Sie musste ihre letzte Hoffnung auf Rettung begraben.

Die eiserne Tür quietschte und ächzte, als einer der beiden freien Typen die Tür öffnete und einen hellen Spot auf die Bühne richtete, auf die sie dann gestellt wurde.

Der Schein der Lampe blendete sie, aber sie spendete auch angenehme Wärme. Vera zitterte trotzdem noch am ganzen Körper.

Einer der Männer löste den Kabelbinder von den Handgelenken, legte ihr stattdessen lederne Fesseln an, ließ von der Decke eine Kette herab, band sie daran fest und zog sie an den Armen so weit nach oben, dass sie auf Zehenspitzen gestreckt dastand und nicht mehr von der Stelle konnte.

Der, der sie getragen hatte, legte ihr eine Spreizstange an die Füße und zog einen großen Dolch aus dem Halfter.

Vera hatte pure Angst und schrie sofort los, als man ihr den Knebel aus dem Mund nahm, aber nur solange, bis eine den Mund aufsperrende Maulschelle diesen ersetzte.

Der Kerl mit dem Dolch begann damit, den Mantel von den Ärmeln an abwärts zu zerschneiden, bis er in Fetzen zu Boden fiel.

Vera zitterte wie Espenlaub.

Der Dolch schnitt die Knöpfe der Bluse vom Faden und ließ sie zu Boden fallen. Dann durchtrennte das Messer die Bluse von den Ärmeln ab abwärts, bis auch sie in Fetzen zu Veras Füßen lag.

Der Dolch durchschnitt die Träger und den Bügel des BHs.

Einer der Kerle schlug ihr auf die Titten, knetete ihre Brüste durch und rollte ihre Nippel zwischen Zeigefinger und Daumen, bis er ein erstes leises Stöhnen von ihr vernahm.

Der Dolch durchtrennte ihren Rock, zerfetzte die Strumpfhose.

Eine Hand griff ihr in den Schritt und prüfte ihre Feuchtigkeit.

Der Dolch zerschnitt die Seiten des Slips.

Vera stand nackt vor den drei Kerlen. Im Schein der Lampe war es gar nicht kalt, doch sie zitterte immer noch.

Einer ließ sie von der Kette, legte sie über den Strafbock und fickte sie solange, bis sie ein Stöhnen nicht mehr unterdrücken konnte.

Die drei Kerle waren unersättlich, gebrauchten sie in all ihren Löchern, und das die ganze Nacht lang, bis Vera die Wollust aus sich herausschrie und nicht mehr vor Angst und Kälte zitterte, sondern ihr Körper vor lauter Orgasmen erschauderte.

Als die rauen Gesellen mit ihr fertig waren, nahmen sie ihr Handy aus ihrer Handtasche, ließen Vera mit mir telefonieren und verschwanden wortlos.

Ich ließ die junge Frau noch ein paar Minuten warten, ehe ich zu ihr ging.

Sie fror sehr und erwartete, dass ich mich danach erkundigen würde, was mit ihr geschehen sei, doch ich reichte ihr lediglich einen wärmenden Mantel.

„War es mit euch abgesprochen, dass all meine Sachen zerschnitten werden?“, fragte sie dann, weil ich nichts sagte, während wir auf dem Weg zum Wagen waren.

„Du musst nicht alles wissen. Du lebst noch, also sei froh und glücklich!“, antwortete ich auftragsgemäß und brachte Vera nach Hause, wo ich ihr dann doch noch mitteilen durfte, wer die drei Typen gewesen waren.

„Das waren dein Exmann, Miro, ein Jungspund von zwanzig Jahren, und ein Herr aus L., der hier nicht genauer genannt werden will. Hat es dir Spaß bereitet?“

„Im Nachhinein kann ich sagen, dass es supergeil war, gerade dadurch, dass ich es nicht für ein organisiertes Spiel hielt, sondern vor Angst richtig erregt war“, antwortete sie mir.

„Heißt das, dass es in der Realität schöner als im Spiel ist?“

„Ich weiß nicht, ob das immer so ist. Heute war es so. Richte dem Vorstand aus, dass es megaspitzengeil war. Für so etwas bin ich noch einmal zu haben. Sie können mein Repertoire im Vertrag gerne hochsetzen. Ich bin nun zu allem bereit“, erklärte sie mir.

Ich nickte ihr anerkennend zu und machte mich auf den Weg.

Der Helikopter brachte meinen Herrn, den Herrn aus L. und mich nach Hause.

Der Mann aus L. bedankte sich etliche Mal bei meinem Chef für das einmalige Erlebnis. Er sei sicher schon bald so weit, dass er gar nicht mehr auf solche Abenteuer verzichten wolle, falls seine Frau sich das wünschen würde.

Vierzi riet ihm dazu, trotzdem immer mit seiner Frau im Gespräch zu bleiben, denn solche Abenteuer könne er ihm nicht am laufenden Band bieten.

In der Sauna

Zwei Studienkolleginnen von mir, denen das praktische Jahr aber noch bevorstand, hatten bei mir nachgefragt, wie sich so ein Praktikum anlässt, und ich hatte ihnen zusätzlich ein wenig von dem berichtet, was ich auch noch nebenher tat, weil ich fand, dass Praktikum und Tätigkeit als Zirkelzofe eine ideale Kombination darstellten.

In dem Moment, da ich etwas von meiner derzeitigen sexuellen Erfüllung durchschimmern ließ, wurden sie neugierig und baten mich letztendlich darum, bei meinem Chef nachzufragen, ob sie nicht wenigstens einmal an einem Event teilnehmen könnten.

Mein Herr fand die Anfrage an sich sehr gut, wenn sie sich für devot halten würden, und bat mich, mit ihnen die Verträge abzuschließen, denn man könne sich niemals sicher sein, ob nicht doch mal jemand auf die Idee komme, sich über die Behandlung zu beschweren. SM brauche die gegenseitige Vertrauensbasis und dennoch sei eben auch eine gewisse Absicherung nötig.

Meine Kommilitoninnen und ich trafen uns im Café unserer Fakultät.

Ich legte ihnen die Verträge mit dem Zirkel kommentarlos vor und bat sie darum, sie sich in Ruhe durchzulesen.

Sie ließen sich dann ein paar Sachen, die sie gar nicht kannten, erklären und fragten mich am Ende, was ich denn für einen Vertrag hätte.

„Nun, für mich ist das so, dass mir einfach alles ungeheuren Spaß macht, was Männer mit mir machen, und ich möchte keine einzige Einschränkung machen, aber ich kenne inzwischen genügend Subs, die megageil sind und dennoch nicht alles mit sich machen lassen möchten. Das, was einen abturnt, sollte man auch nicht ankreuzen. Man macht sich selbst und die Männer nur dann glücklich, wenn sie merken, wie sehr sie uns ins Fliegen bringen. Wenn sie merken, dass wir manche Sachen nur ertragen, dann verlieren sie die Lust an uns“, erklärte ich ihnen.

Die beiden waren so neugierig auf das, was Männer mit ihnen anstellen würden, dass sie zwar alles ankreuzten, sich aber vorbehielten, die Behandlung abzubrechen.

So beantragte ich, zur Probe zwei neue Mitglieder in den Zirkel aufzunehmen: Svenja, die schlanke und blonde Frau, und das Rubensmädchen Astrid mit den roten Haaren, und ich versprach ihnen im Auftrag meines Chefs, dass sie schon sehr bald zu einem der nächsten Treffen eingeladen werden würden.

Der Vorstand entschloss sich dann in einer telefonischen Konferenzschaltung sogar dazu, die beiden direkt zum nächsten Treffen einzuladen.

Ich muss an dieser Stelle mal erwähnen, dass ich die Spontaneität meines Vorstands außerordentlich beachtlich finde.

Mir fiel dann wieder einmal die Aufgabe zu, die beiden Neulinge und die erfahrene Myriam, die Vorarbeiterin im Kestner-Konzern, mit Albert abzuholen und sie in die Sauna zu begleiten.

Myriam und ich hatten einige Mühe damit, die Aufregung meiner beiden Freundinnen ein wenig zu dämpfen, damit sie nicht schon völlig ausgepowert zu ihrem ersten Einsatz erscheinen würden, noch ehe ein einziger Mann in ihrer Nähe gewesen war.

Dort sollte ich alle drei dann allein lassen.

Auch war ich natürlich nicht eingeweiht worden, was in der Sauna geplant war, und war wohl genauso gespannt wie die drei Frauen.

Unter den männlichen Gästen erkannte ich neben Johann Friedrich Kestner und Dr. Massimo Vierzi auch Karl Sachs, den Mann aus der freien Marktwirtschaft.

Leider sah ich zusätzlich, dass mein Vater vor der Kasse stand, und gab meinem Herrn sofort die notwendige Information.

Der besprach sich kurzerhand mit seinem Vorstand.

Kestner marschierte dann zur Kassiererin und die verweigerte meinem Vater den Zutritt, weil es sich an diesem Tag um eine geschlossene Gesellschaft handele.

Mir ist bis heute schleierhaft, wie mein Vater überhaupt herausbekommen konnte, wo ich mich zu jenem Zeitpunkt aufhielt, und musste fortan aber damit rechnen, dass er mir überall auflauern würde, was ein durchaus sehr unangenehmes Gefühl für mich war.

Für dieses Mal aber schien die Veranstaltung noch einmal gerettet zu sein.

Es begann damit, dass Kestner nach einer guten halben Stunde Myriam ansprach. „Suche die beiden neuen Mädels und begib dich sofort mit ihnen in die Sauna mit der niedrigsten Temperatur! Sieh zu, dass ein paar Männer auf euch aufmerksam werden und euch folgen! Spreize die Beine, so weit du kannst, wenn du sitzt! Dann wartest du ab, was geschieht.“

Die Männer begannen schon wenige Sekunden, nachdem Myriam ihre Beine geöffnet hatte, ihre Genitalien mit den Händen zu verdecken.

Kestner, mein Boss und Karl begaben sich daraufhin ebenfalls in diese Sauna.

Kestner hängte ein Schild auf, auf dem „Geschlossene Gesellschaft“ zu lesen war, und verhängte die Glastür mit einem großen Handtuch.

„So, Männer!“, sagte er, „Wir haben jetzt etwas vor, mit dem wir ein öffentliches Ärgernis erregen könnten. Nennen wir es Sex in der Öffentlichkeit. Wer meint, dass er das nicht aushält, verlässt jetzt bitte diesen Raum! Wer kein Problem damit hat, wird hier hundertprozentig auf seine Kosten kommen.“

Niemand verließ die Sauna. Alle warteten ab, was geschehen würde.

Herr Sachs rückte an Myriam heran, schob ihr seine beiden Mittelfinger in die Muschi und bearbeitete sie dermaßen heftig, dass sie direkt zum ersten Mal abspritzte.

Dann zog er seine Finger aus ihr heraus, hob ihre Beine an und fickte sie mit ganz wenigen heftigen Stößen zum ersten Orgasmus.

Er selbst spritzte ihr seinen Samen auf die Brüste.

Kestner war der nächste Kerl, der Myriam vögelte, und ihm folgten alle Männer, die in diesem Raum anwesend waren.

Svenja und Astrid waren so erregt und machten den Eindruck, dass sie am liebsten selbst gefickt worden wären, doch mein Herr versagte es ihnen, ohne ihnen dafür eine Begründung zu liefern.

Nachdem sie sich alle ihres Samens entledigt hatten, brachte Kestner den Hinweis, dass es in zwei Stunden am Tauchbecken noch einmal zur Sache gehen werde. Wer Interesse habe, solle sich pünktlich dort einfinden.

Svenja und Astrid machten einen etwas enttäuschten Eindruck.

Eine Stunde später kam es dann aber im Garten ganz spontan zu einem weiteren Event.

Astrid lag auf einer Sonnenliege und dampfte nach einem heißen Saunagang ab.

Mein Chef bat Meister Fritz und Herrn Sachs darum, sich mit aufgehaltenen Handtüchern um Astrid herum aufzubauen, sodass man aus dem Gebäude heraus nicht sehen könne, was hinter den Handtüchern geschehen würde, trotzdem aber darauf hinweise, dass da etwas Besonderes geschehen würde.

„Knie dich auf die Liege und spreize die Beine!“, sagte Vierzi zu Astrid, ölte ihr den Hinterausgang und dehnte sie mit zwei Fingern vor.

Als sie ein erstes kleines Stöhnen verlauten ließ, schob er ihr seinen Kolben in den Po und hämmerte direkt auf sie ein, was das Zeug hielt.

Ganz rasch hatten sich weitere männliche Gäste eingefunden, die Astrid solange durchfickten, bis sie in einem Dauerorgasmus zusammenbrach und ihre Wollust aus sich herausschrie.

Kestner bat alle beteiligten und zuschauenden Männer, sich in einer Stunde am Tauchbecken einzufinden, wo es ein weiteres Spektakel geben werde.

Zu der benannten Zeit hatte sich am Tauchbecken bereits eine Traube von Männern gebildet, als wir dort eintrafen.

Kestner bahnte sich einen Weg zum Tauchbecken und bat die Männer darum, eine kleine Gasse freizulassen.

Mich forderte er sodann auf, Svenja herzuholen und ans Tauchbecken zu führen.

Als sie wenige Minuten später vor ihm stand, fesselte er ihre Hände auf dem Rücken, schob sie mit den Beinen an den Rand des Beckens, beugte sie vor, ölte ihre Spalte und gab den Männern den Hinweis, sie in beiden Löchern zu benutzen.

Während der erste Kerl auf sie einhämmerte, drückte Kestner Svenjas Kopf ins kalte Wasser und hielt sie dort solange, bis ihr fast die Luft ausgegangen wäre.

Dann zog er sie an den Haaren wieder heraus, tauchte sie noch einmal unter, wenn der Kerl hinter ihr noch nicht abgespritzt hatte.

Ein wenig Ruhe bekam sie nur dann, wenn hinter ihr ein Männerwechsel anstand.

Nachdem sich auf diese Weise eine große Männerschar in und auf Svenja entladen hatte, nahmen

Johann und Karl sie ins Sandwich und brachten sie ganz rasch ins Fliegen.

Als Letzter nagelte sie mein Herr abwechselnd in die Muschi und in den Po, bis die Zuckungen ihres Körpers sie nicht mehr aufrecht stehen ließen.

Währenddessen entwickelte sich mit uns anderen Frauen eine Gruppensexorgie, die kein Ende finden wollte.

Eine gewisse Ruhe kehrte erst nach vielen Stunden ein.

Mir fiel dann wieder einmal die Aufgabe zu, die Damen nach Hause zu bringen und sie für das Protokoll zu interviewen.

Auf der Rückfahrt erklärten mir zwei von ihnen, dass sie noch nie einen so erfüllten Sex hatten wie an diesem Abend, und ich konnte gar nicht anders, als ihnen zuzustimmen.

„Ich bin froh, Mitglied im Zirkel geworden zu sein, und freue mich jetzt schon auf das nächste Event. Es ist herrlich, wenn ich von ganz vielen Schwänzen gefickt werde, denn mit einem Hammer allein komme ich nur ganz selten zu einem Orgasmus “, meinte Astrid und Svenja nickte ihr zustimmend zu. „Ich fand die Atemkontrolle ja eigentlich auch megageil, weil ich dadurch so in Fahrt gekommen bin, wie ich es noch niemals zuvor erlebt hatte, aber noch einmal möchte ich das trotzdem nicht mitmachen. Vor allen Dingen dann nicht, wenn ich nicht weiß, wer meine Spielpartner sind. Im Augenblick würde ich behaupten, dass SM mir die wahre Erfüllung bringen kann, aber nur mit einem festen Partner. Deshalb werde ich kein Mitglied im Zirkel werden.“

Myriam sagte: „Wenn ich die Männer, die mich ficken, nicht einmal kenne, bringt mir das erst den besonderen Kick. Damit hatte ich vorher auch nicht gerechnet. Der Zirkel wird mir hoffentlich noch ganz viele solcher Events bescheren. Liebe Svenja, ich kann dich eigentlich nicht verstehen, aber ich bin mir sicher, dass dir niemand im Zirkel böse sein wird.“

Die Seilbahn

Für den Tag vor dem Halbjahresfest hatte der Präsident unseres Zirkels alle Interessierten zu einer kleinen gemeinsamen Wanderung eingeladen.

Bevor die Gäste am Freitagnachmittag eintrudelten, saß am Morgen noch ein weiteres Ehepaar in der Therapie.

Herr Emmelmann verspürte keine Lust mehr auf seine Frau, weil sie es immer nur im Dunkeln und in der Missionarsstellung treiben wollte. Gegen die Depressionen, die diese Monotonie in ihm hervorriefen, trank er immer mehr Wein.

Mein Chef machte es sich ganz einfach und wies mich an, mich zu entkleiden und mich im Doggystyle auf den kleinen Bistrotisch zu knien und darauf zu warten, ob Herr Emmelmann Lust verspüren würde, mich zu ficken.

Als dessen Kolben die Hose ausbeulte, bat mein Herr Frau Emmelmann darum, sich ebenfalls auszuziehen und sich im Doggystyle auf die Couch zu knien.

Dann forderte er Herrn Emmelmann auf, sich für eine Frau zu entscheiden und diese dann auf der Stelle durchzunageln.

Auch wenn ich nicht damit gerechnet hatte, entschied sich der Mann für seine Frau.

Liebe muss richtig schön sein.

Zum Abschluss machte der Doktor die Frau darauf aufmerksam, dass es ein Buch über Kamasutrastellungen gab, das sie sich zu Gemüte führen sollte, um ihren Mann vom Wein wegzuholen.

Danach machten wir uns mit allen angereisten Zirkelmitgliedern auf den Weg zu einer Seilbahn, die uns auf den Berg bringen sollte, über dessen Kamm der Präsident mit den Mitgliedern wandern wollte.

Die Gondel, die er im Vorfeld reserviert hatte, war mit den Gästen aus unserem Zirkel bereits randvoll gefüllt, als ich mich mit den drei Vorstandsmitgliedern unter sie mischte.

So hatten wir alle engsten Körperkontakt zueinander.

Als die Bahn anfuhr, bat unser Präsident die Frauen, sich in die Mitte der Gondel zu begeben und die Männer, sich um sie herum zu stellen.

„Die Gondel fährt mehr als eine halbe Stunde zum Berg hoch. Wir sind bis dahin ungestört. Männer, bringt die Frauen zum Fliegen!“, forderte mein Herr die anwesenden Doms auf.

Mir stand Stefan Leon Ucka gegenüber und der zeigte sein Interesse daran, etwas mit mir anzufangen, dadurch, dass er begann, meine Bluse aufzuknöpfen und meine Nippel zwischen seinen Daumen und Zeigefingern zu rollen und daran zu ziehen, bis ich vor Schmerz aufstöhnte.

Dann fuhr er mir mit einer Hand unter den Rock, zerriss mit roher Gewalt meinen Stringtanga, zog mich näher an sich heran, hob mich hoch, nahm meine Oberschenkel auf seine Unterarme und vögelte mich durch, bis ich meine Wollust aus mir herausschrie.

Die anderen waren ebenfalls ganz rasch in Fummeleien und Spiele vertieft. Es entwickelte sich ganz rasch eine Gruppensexorgie, die erst ein Ende fand, als wir uns dem Gipfel des Berges näherten.

Wenige Minuten vor dem Ende der Auffahrt hatte Vierzi übers Mikrofon durchgesagt, dass man die Spiele einstellen solle, denn es sei bei der Ankunft mit fremdem Publikum zu rechnen.

Auf der Rückfahrt könne man ja noch an der Stelle weitermachen, wo man jetzt aufhören müsse.

Außerdem erwarte sie alle noch eine kleine Überraschung an der Berghütte, zu der er vorhabe, mit ihnen zu wandern.

Aus sportlicher Sicht dauerte die Wanderung gar nicht lange.

Vor der Hütte war eine Frau, vollkommen entkleidet, dafür aber mit einer Kopfmaske versehen, auf eine Bank gekettet.

„Hier ist nun meine Überraschung“, sagte mein Herr, „wer von den Männern Lust hat, darf diese

Frau nach dem Ziehen eines Loses, das die Reihenfolge bestimmt, vögeln, muss dann aber raten, um wen unserer Mitglieder es sich handelt. Wer von den Männern es zuerst errät, dem gehört diese Frau die nächsten sieben Tage für jeweils vierundzwanzig Stunden täglich. Nun, wer will und darf zuerst? Zieht bitte jetzt eure Lose!“

Der Neuling Miro durfte zuerst, kam aber wegen seiner noch sehr jungen Mitgliedschaft ganz selbstverständlich nicht zum richtigen Ergebnis, doch die Frau hatte seine jugendliche Kraft durchaus genießen können.

Als nächster durfte Herr Burkart, der zweite Neuling, ran.

Auch er lag daneben, doch die Frau war inzwischen vor Wollust recht laut geworden.

Der dritte Mann war Max, der Versicherungsvertreter.

Er kam der Sache angeblich zwar ein Stück näher, lag aber auch noch falsch.

Der vierte Kerl in der Reihe war Walter.

„Dieses geile Miststück ist Ekatharina, die Sub unseres Freundes Harald“, sagte Walter und hatte damit die Frau, die bei seinem Schwanz heftig abgespritzt hatte, richtig erkannt.

Mein Herr entfesselte die Sub, nahm ihr die Binde ab und übergab Ekatharina ihrem neuen Herrn für die nächste Woche.

Arisdorf zwang sie daraufhin auf die Knie und alle Männer, die Lust darauf hatten, durften sie solange ficken, wie sie konnten.

Ekatharina ergab sich am Ende in einen Dauerorgasmus, für den sie sich dann aber noch bei Walter zu bedanken hatte.

Anschließend wurde es ernst. „So, Leute, wir müssen uns Gedanken machen!“, sagte unser Präsident, „Vermutlich der Vater von Sharon hat uns die Polizei auf den Hals gehetzt. Der Vorwurf lautet, dass bei uns Menschen gegen ihren Willen vergewaltigt werden würden.“

„Das ist doch lächerlich“, meinte Hallauer, der sich zwischenzeitlich von Ekatharina verabschiedet hatte.

„Ja, das ist es. Dennoch lässt uns die Polizei für unser morgiges Fest nur zwei Möglichkeiten. Entweder nehmen wir ein paar Polizisten als Kontrolleure mit an Bord oder sie werden das Schiff nicht auslaufen lassen. Was wollen wir tun?“, fragte unser Präsident.

„Ich habe mit so etwas Erfahrungen. Wir nehmen die Bullen mit an Bord und versuchen sie zu integrieren. Wir lassen sie einfach an unseren Spielen teilnehmen. Damit entwaffnen wir sie vollständig“, meinte Johann Friedrich Kestner und blickte dabei Niklas an, der ihm zustimmend zunickte und selbst einmal auf diese Art von Kestner zum SM geholt worden war.

„Das halte ich für eine gute Idee“, meinte mein Herr. „Wer von euch noch andere Vorschläge hat, sollte sich bis morgen früh bei mir melden, damit wir mittags noch einmal darüber beraten können. Ansonsten möchte ich euch alle bitten, mitzuhelfen, dass die Bullen ihren Spaß haben.“

Anschließend machten wir uns wieder auf den Weg zur Seilbahn. Auch dieses Mal wurde hier und da noch ein wenig gefummelt, aber mehr war wohl nicht mehr drin

Das Halbjahresfest

Bis zum Mittag des nächsten Tages hatte niemand einen anderen Vorschlag zum Umgang mit der Polizeikontrolle unterbreitet.

Deshalb gab mein Herr beim gemeinsamen Mittagessen bekannt, dass sie alle aufgerufen seien, dafür Sorge zu tragen, dass die Gendarmen ihren Spaß finden würden.

Irgendwie schienen wir alle auch mehr oder weniger darauf zu hoffen, dass kein Fremder mit aufs Schiff käme, doch am Abend warteten tatsächlich zwei uniformierte Polizisten und zwei Polizistinnen am Kai des Ausflugsdampfers.

„Guten Tag, die Herrschaften!“, meinte unser Präsident und reichte ihnen die Hand zum Gruß. „Mein Name ist Dr. Massimo Vierzi, der Veranstalter der Fahrt.“

„Guten Tag, Herr Vierzi! Sie wissen, warum wir hier sind?“, fragte der Wortführer der Gruppe.

„Jemand hat uns denunziert. Dürfen wir trotzdem erfahren, mit wem wir es zu tun haben?“

„Ich bin Kommissar Bärwolf, das ist mein Kollege Kron und hier sind meine Kolleginnen Brahms und Koressel.“

„Nun gut, machen wir das Beste aus Ihrer Anwesenheit. Sollten Sie feststellen, dass bei uns absolut gar nichts gegen den Willen eines Menschen geschieht, dann sind Sie herzlich eingeladen, an unseren Spielen teilzunehmen! Unsere Mitglieder haben sich allesamt dafür ausgesprochen, Sie bei Ihrem Interesse zu integrieren."

Der Abend begann dann damit, dass ich die Protokolle der vorangegangenen Events verlas, sich anschließend unser Zirkelchef auf die Bühne begab und das Jury-Ergebnis verkündete.

Die Sub, die ihnen am besten in ihrem Event gefallen hatte, war Vera bei ihrem Blind Date im Park.

Vera trat freudestrahlend auf die Bühne und mein Chef ließ einen anatomisch geformten Sarg aus Stahlbändern auf die Bühne transportieren. Er war auf einem Kasten fest installiert und brachte den Menschen, der sich da hineinbegab, in die Position, wie sie auf einem Gynäkologiestuhl eingenommen wird.

Die Bänder waren so weit auseinander, dass man an allen Stellen in den Käfig greifen konnte.

Vera schien ein wenig Angst zu bekommen, denn sie begann zu zittern, was auch die Polizisten registrierten und sehr angespannt dem weiteren Geschehen folgten.

„Bist du bereit, dir deine Belohnung abzuholen?", fragte Massimo.

„Ich bin jetzt schon total geil auf das, was da auf mich zukommen wird."

„Ich denke, unsere Gäste haben deine Antwort sehr wohl verstanden. Deshalb können wir dir jetzt geben, wonach du verlangst. Zieh dich aus!“, forderte Massimo.

Vera gehorchte, während Noah und Kilian den Stahlsarg öffneten und die obere Hälfte von der unteren trennten.

„Leg dich nun in das Korsett!“, wies der Psychiater Vera an und sie tat, was er ihr befohlen hatte.

Noah und Kilian legten die obere Hälfte auf die untere und verschraubten die beiden Teile miteinander, sodass Vera darin wie in einem Gynäkologiestuhl saß und sich keinen Zentimeter mehr bewegen konnte.

Massimo drehte den Kasten nach links und nach rechts, sodass jeder Zuschauer einen ungehinderten Blick auf Veras Muschi werfen konnte.

Dann sollte ich ihm den Tigerbalsam reichen und er salbte damit Veras Pussy und Po.

Schon bei der ersten Berührung mit ihren Schleimhäuten ließ sich aus ihrem Mund ein leises Stöhnen vernehmen.

„Halte ihr den Vibrator an die Fotze!“, forderte er mich auf und ich gehorchte.

Als Vera nur wenig später danach verlangte, schon kommen zu dürfen, sollte ich den Vibrator von ihrem Kitzler nehmen und sie fand zur Ruhe zurück.

„Dehne ihren Arsch vor!“, forderte mein Herr von mir und ich schob Vera einen Analplug in den Po, während ich wieder den Vibrator auf ihren Kitzler hielt, bis sie erneut danach verlangte, kommen zu dürfen.

„So, meine lieben Männer, ihr habt gehört, wonach diese Frau lechzt. Fickt sie jetzt in alle Löcher, bis sie die pure Wollust aus sich herausschreit!“, richtete sich der Doktor an alle Kerle auf dem Dampfer.

Während die Männer mit Vera beschäftigt waren und damit alle Zuschauer aufgeilten, gab Massimo mir den Auftrag, mich um den Polizisten Bärwolf zu kümmern.

Gabriela sollte ihr Glück beim Kommissar Kron probieren, kam aber ganz rasch frustriert zurück, weil der absolut nicht dazu zu bewegen war, an unseren Spielen teilzunehmen. Seine moralischen Bedenken waren zu groß, außerdem sei er verheiratet. Er liebe seine Frau und sie seien sich gegenseitig treu. Trotzdem gönnte er uns anderen den Spaß.

Johann Friedrich Kestner kümmerte sich um die Polizistin Brahms und mein Herr nahm sich die Kommissarin Koressel vor.

Der Bann war schnell gebrochen und die drei Kommissare beteiligten sich am Bacchanal, als wenn sie schon immer dabei gewesen wären.

Als die Männer mit Vera fertig waren, wurde sie aus ihrem Sarg befreit und eine wilde Gruppensexorgie begann bis weit nach Mitternacht.

In den frühen Morgenstunden legte der Dampfer wieder am Kai an und unser Präsident nahm die Polizisten Bärwolf, Brahms und Koressel als neue Mitglieder in den Zirkel auf.

Auch von ihnen verlangte er die unterzeichneten Verträge, ehe sie zu einem der nächsten Events eingeladen werden würden.

Mit Kron führte er noch ein ernsthaftes Gespräch darüber, dass er seine Kollegen nicht verraten sollte und obendrein jederzeit eingeladen sei, auch mit seiner Frau an einem Fest oder einem Event teilzunehmen.

Dann verabschiedeten wir uns alle bis zum Abschlussfest oder zu den kommenden Einzelevents.

Die Ruine

Unser Halbjahresfest wurde an den folgenden Tagen von allen Mitgliedern gelobt. Täglich trudelten WhatsApp und Mails ein, in denen man sich bedankte und um baldige Wiederholung bat.

Sogar die Kommissarinnen und Kommissar Bärwolf äußerten sich nur positiv und freuten sich als neue Mitglieder des Zirkels auf Einladungen zu den versprochenen Abenteuern.

Kommissar Kron dagegen ließ es sich nicht nehmen, darauf hinzuweisen, dass er es für unmoralisch hielt, was in unserem Zirkel geschehe.

Das Fest lag erst eine Woche zurück, da rief unser Präsident den Vorstand erneut zusammen, um die nächsten Events zu planen.

Als wir alle versammelt waren, begann er mit einer überraschenden Ankündigung: „Der Job als Präsident unseres Zirkels verlangt meine ganze Kraft und Zeit. Es macht unendlich viel Spaß, aber ich muss auch mal wieder mehr in meiner Praxis arbeiten. Ich denke daran, bei unserem Abschlussfest nicht mehr zu kandidieren. Wie sieht's bei euch aus?"

„Ich werde darüber nachdenken, ob ich noch ein Jahr dranhängen möchte. Bislang habe ich einfach nur meinen Spaß genossen", meinte Kestner.

„Ich werde auf jeden Fall weitermachen“, erklärte der Marquis, während ich ankündigte, mein Studium beenden zu wollen und nicht mehr ganztags als Zofe zur Verfügung zu stehen, sondern eventuell nur als gelegentliche Sklavin.

„Nun, das ist alles Zukunftsmusik. Gehen wir zunächst an die weitere Planung! Welche Vorschläge habt ihr für die nächsten Events?“, fragte mein Chef.

„Maria ist mir immer noch viel zu hochnäsig. Irgendwie würde ich die gerne noch einmal in die Mangel nehmen lassen“, meinte Johann.

„Die beiden Polizistinnen Birte Brahms und Kira Koressel sind wohl gesetzt“, insistierte der Marquis.

„Gut, ich bin gespannt, wie die beiden das verkraften“, meinte mein Herr.

„Als nächste Sub schlage ich Martha, die polnische Reinigungskraft aus meinem Betrieb, vor. Und dann sollte Zoë, meine Zofe, noch zu ihrem Recht kommen“, meinte Kestner.

„Als Letzte schlage ich dann Denise, deine Sekretärin, vor. Die gefällt mir irgendwie sogar ganz außerordentlich“, erklärte der Doktor.

Damit waren die nächsten Events personell besetzt und man ging an die inhaltliche Gestaltung, was bedeutete, dass ich das Zimmer zu verlassen hatte, damit ich den Subs nicht verraten können würde, was man mit ihnen vorhatte.

Der nächste Tag begann mit einer weiteren therapeutischen Sitzung. Die Frau war seit ihrer Operation nicht mehr am Sex interessiert und ihr Ehemann beschimpfte sie seitdem permanent als frigide, was dazu führte, dass sich seit geraumer Zeit gar nichts mehr abspielte.

Mein Chef brachte sie mit einem Vibrator, einem gediegenen Fisting und einem abschließenden Analfick durch ihren Ehemann zu einem kleinen Orgasmus.

„So wie hier müsst ihr weitermachen!“, erklärte Vierzi den beiden und gab mir anschließend den Auftrag, neue Einladungen für die nächsten Zirkelevents zu verschicken, denn nun galt es, schon in wenigen Tagen wieder mit dem nächsten Abenteuer zu beginnen.

Erneut hatte sich der Vorstand vorbehalten, als Jury zu fungieren und die Mitglieder unseres Zirkels hatten sich mehrheitlich damit einverstanden erklärt.

Beim ersten Abenteuer nach der Halbzeit hatte ich mit Albert zusammen die Kriminalkommissarin Birte Brahms und die Kommissarin Kira Koressel abzuholen und in der Dunkelheit der Nacht auf die Burgruine zu begleiten.

Unterwegs berichteten sie mir davon, wie nervös sie seit Tagen auf diesen Abend hinfieberten.

„So ein Event ist viel spannender als ein Polizeieinsatz“, meinte Birte und Kira nickte ihr zu.

Damit sie niemand erkennen würde, durften die beiden Frauen venezianische Masken tragen, die ich ihnen sofort übergab, nachdem sie zu mir in den Fond des Wagens eingestiegen waren.

Als Erstes sprach ich Birte, die Frau mit dem schwarzen, langen Haar, an. „Zieh deine Hose und deinen Slip aus!“

„Warum?“

„Du hast keine Fragen zu stellen! Ich habe als Zofe des Zirkels den Auftrag, dich einzuweisen, und du hast mir Gehorsam zu leisten! So sind die Spielregeln festgelegt worden. Trotzdem werde ich dir dieses eine Mal sagen, warum du das tun sollst“, erklärte ich ihr.

„Das ist aber nett von dir!“

„Spar dir die Ironie! Du kannst jederzeit aussteigen, wenn dir die Regeln, die du unterschrieben hast, nicht mehr gefallen. Ich muss dir die Fotze rasieren. Die Subs in unserem Zirkel tragen keine Schambehaarung und du hast bei unserem Halbjahresfest noch einen dichten Busch gehabt, der unseren Doms übel aufgestoßen ist“, sagte ich.

„Was?“, entfuhr es beiden Polizistinnen gleichzeitig.

„Zieh dir jetzt endlich die Hose und den Slip aus! Sonst kommst du noch zu spät und wirst gleich beim ersten Mal bestraft werden müssen.“

Birte gehorchte endlich.

Während ich sie rasierte, zog Kira bereits Hose und Slip aus und begann schon mal damit, sich die langen Haare rund um ihre Muschi mit der Schere zu entfernen.

Nachdem ich beide von sämtlichen Haaren befreit hatte, forderte ich sie auf, die Schuhe, die Blusen und die BHs auszuziehen.

Dieses Mal gehorchten beide, ohne eine weitere Nachfrage zu stellen.

Dann reichte ich ihnen die schwarzen Capes und die sie neben den venezianischen Masken tragen sollten, und geleitete sie bis zu dem Beginn der Stufen, die zur Ruine hochführten.

Von dort an ließ ich sie allein weitergehen, folgte ihnen aber heimlich.

Fackeln am Wegesrand leuchteten ihnen den Weg.

Dennoch schienen sie Angst zu haben, denn sie nahmen sich wie kleine Kinder an die Hand und schlichen die Treppen hoch.

Als sie oben ankamen, wurde es dunkel. Nur durch ein Mauerloch war noch eine einzige Fackel zu erkennen.

Kilian trat auf sie zu und trennte sie voneinander.

Während Birte bei ihm blieb, sollte Kira weitergehen, bis sie die Fackel erreichen würde. Dort sollte sie dann zwischen dem Stahlkäfig und dem Andreaskreuz stehen bleiben und warten.

Nachdem Kira an der Fackel angekommen war, ergriffen Albert und Harald ihre Arme, führten sie zum Andreaskreuz, das links neben der Fackel aufgestellt war, und ketteten sie dort an.

Ein Stück weiter stand der Stahlgitterkäfig, in dem ein maskierter und ansonsten nackter Mann lag, der mit aufgerichtetem Schwanz darauf zu warten schien, endlich freigelassen zu werden.

Albert zog die Fickmaschine heran, schob Kira den weichen Dildo in die Muschi und warf den Motor an.

Kira begann fast sofort damit, vor Wollust zu stöhnen.

Dann schleppte Kilian Birte, die inzwischen an Füßen und Armen gefesselt war, einen Sack über dem Kopf und einen doppelseitigen Strapon am Unterleib trug, auf seinem Rücken zum stählernen Gitterkäfig und legte sie davor ab.

„Knie dich hin!“, forderte mein Herr.

Birte gehorchte.

„Ertaste den Käfig rechts neben dir und lass dir erst dann den Sack vom Kopf nehmen!“, wies Vierzi sie an.

Sie gehorchte, aber es dauerte eine Weile, bis der Kerl im Käfig den Sack zu fassen bekam und über ihren Kopf ziehen konnte.

Als es soweit war, forderte mein Herr: „Blas ihm den Schwanz! Untersteh dich, ihn abspritzen zu lassen!“

Birte gehorchte.

„Wunderbar, öffne den Käfig, lass ihn heraus! Kriech zu Kira! Zieh ihr den Dildo aus der Fotze und leck ihr den Kitzler!“

Nachdem Kiras Stöhnen immer lauter wurde, forderte mein Chef: „Fick sie nun mit dem Strapon!“

Birte gehorchte.

Dann wies der Präsident des Zirkels den Kerl an, dessen Kolben immer noch steinhart zu sein schien: „Du fickst jetzt die Birte in den Arsch! Öle sie vorher ein!“

Der Mann mit der Maske gehorchte.

Als alle drei fast gleichzeitig ihren Höhepunkt erreicht hatten, trat Kilian auf sie zu, nahm Kestner die Maske vom Kopf, entfernte den Strapon aus Birtes Muschi und ließ Kira vom Andreaskreuz los.

„Die beiden Frauen knien sich jetzt mit Sharon, die ihnen gefolgt war, zusammen auf den Käfig! Spreizt die Beine! Wir werden euch von hinten bearbeiten, bis wir alle nicht mehr können“, sagte mein Boss.

Albert, Harald, Johann, Kilian und Massimo besorgten es uns Frauen, bis wir fast gleichzeitig die Schwerkraft verloren.

Anschließend gönnte man uns ein wenig Ruhe und danach mussten Birte und Kira in ihren Capes wieder die Stufen zur Stretchlimousine hinunterlaufen und wurden von Albert und mir nach Hause gebracht.

Beide bestätigten, noch nie in ihrem bisherigen Leben so gut befriedigt worden zu sein, und beide sehnten sich nach einer baldigen Wiederholung.

Ich versprach, ihre Wünsche zu übermitteln, stellte aber auch klar, dass es eher ungewöhnlich sei, vor dem nächsten Fest noch einmal an der Reihe zu sein.

Albert fuhr mich dann zum Kestner-Konzern, wo der Helikopter auf mich wartete.

Als ich an der Information vorbeimarschierte, geschah das Unglaubliche.

Jemand fiel in meinem Rücken über mich her, stülpte mir hinterrücks einen Sack über den Kopf, fesselte mir die Hände auf dem Rücken, schleppte mich in ein Fahrzeug und fuhr mit mir davon.

Mein Schreien schien niemanden alarmiert zu haben, zumindest kam mir niemand zur Hilfe.

Ich fügte mich dann sogar in mein Schicksal und hoffte insgeheim darauf, dass der Zirkelvorstand dahinter steckte und ich mich mitten einem Vergewaltigungsspiel befand, doch meine Hoffnungen zerplatzten wie eine Seifenblase, als mein Großvater mir in einem ganz schlecht beleuchteten Keller den Sack vom Kopf nahm und mich auf einen Stuhl fesselte.

In dieser Position ließ er mich kommentarlos etliche Stunden verharren, ohne dass er irgendetwas unternahm.

Dann trat er zu mir in den Raum. „Hallo, Sharon, wie geht es dir?", fragte er mich, als wenn es mir tatsächlich gut gehen könnte.

„Was fragst du mich? Du beraubst mich meiner Freiheit. Soll es mir da etwa gutgehen?", antwortete ich ihm trotzdem voller Wut.

„Ich beraube dich nicht deiner Freiheit. Ich will dich nur auf den tugendhaften Weg zurückführen, werde nachholen, was deine Eltern versäumt haben."

„Was ist das?", fragte ich nach.

„Ich werde dich beschneiden lassen. Deine Tante ist bereits verständigt und auf dem Weg hierher."

„Du spinnst wohl!", entfuhr es mir und machte ihn damit noch zorniger.

„Und dann möchte ich, dass du freiwillig mit dem Zofendienst bei diesem Psychiater aufhörst. Wenn du das nicht tust, hast du das Recht auf dein Leben verwirkt“, erklärte er mir.

„Ich habe mich ganz freiwillig zu dieser Arbeit entschieden und ich mache sie wahnsinnig gerne. Am Ende des Jahres werde ich eventuell damit aufhören und mein Studium beenden, aber auf keinen Fall, weil du das willst.“

„Du verkaufst deinen Körper. Du wirst damit aufhören! Wenn du erst einmal beschnitten bist, wirst du ohnehin ganz anders darüber denken.“

„Ihr werdet es nicht wagen, mich zu beschneiden“, zischte ich ihn an.

„O doch, und das ist besser für dich, solange du deinen Körper an Männer verkaufst.“

„Das tun wir alle mehr oder weniger. Außerdem mache ich meinen Job voller Leidenschaft. Und ich bin nicht allein. Wir sind eine große Familie. Lass mich bitte gehen! Dann werde ich dich nicht strafrechtlich verfolgen lassen“, forderte ich ihn immer noch sehr wütend auf.

„Nein! In ein paar Tagen ist deine Tante hier. Ich gebe dir Zeit, um dir das alles ganz genau zu überlegen. Deine momentane Arbeit wird dich dein Leben kosten“, fauchte er mich an und verließ den Keller.

Protokoll des Dr. Massimo Vierzi

Nachdem Sharon entführt worden war, wie mir der Flugkapitän des Helis berichtete, alarmierten wir unsere Zirkelmitglieder, die im Polizeidienst aktiv tätig waren.

Innerhalb kürzester Zeit hatte Kommissarin Eichinger die Adresse von John Garang, Sharons Vater, ausfindig gemacht, weil wir vermuteten, dass er hinter der Entführung steckte.

Dann machten wir uns auf den Weg zu ihm.

Schon nach dem ersten Klingeln öffnete er uns die Haustür und bat uns herein.

„Guten Tag, Herr Garang!“, sagte die Kriminalhauptkommissarin Eichinger zur Begrüßung und machte mit ihrem Tonfall deutlich, dass die Macht des Staates hinter ihr stand. „Sie sind wegen Freiheitsberaubung angezeigt worden. Hier ist die staatsanwaltliche Vollmacht zur Hausdurchsuchung!“

„Darf ich erfahren, wen ich der Freiheit beraubt habe?“, wollte John wissen.

„Sie haben Ihre Tochter entführt!“, antwortete Kommissar Bärwolf.

„Das habe ich nicht, aber ich kann mir vorstellen, wer das getan haben könnte.“

„Nennen Sie uns Namen und Adresse!“

„Es handelt sich um meinen Vater. Ich führe Sie zu ihm, weil ich denke, dass wir meine Tochter vor ihm schützen müssen. Der ist mit seinen moralischen Vorstellungen wirklich zu allem fähig.“

„Sie wissen, dass die Freiheitsberaubung in Deutschland strafbar ist?“, fragte Kommissarin Eichinger.

„Ich weiß das sehr wohl, aber meinem Vater ist das völlig gleichgültig. Eine Freiheit innerhalb der Familie existiert für ihn gar nicht. Der Silberrücken gibt vor und alle haben zu folgen. Mein Vater und Sharon sind wie Feuer und Wasser. Wir müssen uns beeilen.“

„Dann sollten wir das tun!“, meinte die Kommissarin und wir fuhren auf dem kürzesten Weg zu Sharons Großvater.

Da er die Tür nicht öffnete, ließen wir sie aufbrechen, überwältigten den alten Mann und fanden Sharon im Keller seines Hauses vor, weil sie nach Hilfe schrie, nachdem sie Geräusche vernommen hatte.

Anschließend verhörten die beiden Kommissare den alten Mann.

„Ich halte Sharons Arbeit bei Dr. Vierzi für so schandvoll, dass sie unter unserer Familienwürde ist“, erklärte der Großvater.

„Das ist nicht so, wie ich dir schon einmal erklärt habe“, mischte Sharon sich in das Gespräch.

Der Großvater zeigte sich an keiner Stelle einsichtig und drohte damit, Sharon zu töten, sobald er die Gelegenheit dazu bekäme.

Kommissarin Eichinger ließ ihn abführen und ich verständigte anschließend unseren Zirkelvorstand darüber, dass wir Sharon aufgefunden hatten, und alle machten sich direkt auf den Weg in die Wohnung ihres Vaters John.

Dort kam es dann zu einem aufschlussreichen Gespräch.

„Herr Garang, Sie befinden sich in einer Zwickmühle zwischen Ihrem Vater und Ihrer Tochter. Das ist mir schon klar, aber Sie müssen Farbe bekennen und somit Ihre Tochter beschützen“, meinte Johann Friedrich Kestner.

„Ich weiß und ich habe mich dazu entschieden, gegen meinen Vater vorzugehen“, erklärte John Garang, „obwohl ich auf der anderen Seite nicht weiß, ob das momentane Leben wirklich gut für meine Tochter ist.“

„Wenn Sie möchten, laden wir Sie zu einem unserer nächsten Zirkelabenteuer ein. Sie werden dann einmal live erleben, wieviel Spaß, Freude und Leidenschaft unsere Veranstaltungen hervorrufen. Dann können Sie sich auch selbst davon überzeugen, dass es Ihrer Tochter bei uns ausgesprochen gut geht. Dann sind Sie sicher auch in der Lage, sich gegen Ihren Vater zu stellen, denn eins dürfte sicher sein, nämlich, dass er schon bald wieder auf freiem Fuß sein wird“, meinte Johann.

„Alle behaupten immer, dass es Spaß macht. Ich kann mir das gar nicht vorstellen, aber ich wäre tatsächlich bereit, mir das einmal anzusehen, um mir ein fundiertes Urteil erlauben zu können“, erklärte mein Vater John zu meinem Erstaunen

„Dann scheint mir ja alles geklärt zu sein“, meinte ich, „wenn Sie jetzt noch zusagen könnten, Ihre Tochter beschützen zu wollen, dann werde ich schauen, wann wir Sie geschickt in unseren Kalender einfügen können.“

„Tun Sie das! Es würde mich wirklich freuen, aber ich muss Ihnen noch gestehen, dass ich devot veranlagt bin und am liebsten wie ein Sklave behandelt werden würde“, erklärte John.

„Kein Problem! So einen wie Sie haben wir noch nicht in unseren Reihen. Das passt gut! Unser Leben blüht durch die Vielfalt erst richtig auf. Sie werden in den nächsten Tagen eine Einladung zu einem Event erhalten“, meinte ich und dann verabschiedeten wir uns von Sharons Vater.

„Danke!“, sagte John. Sharon ließ sich zum Abschied noch einmal von ihrem Vater in den Arm nehmen und wies ihn darauf hin, dass der Großvater Sharons Tante bestellt hätte.

„Ich werde versuchen, sie aufzuhalten. Das Beste ist, wenn sie zu Hause bleibt. Hierher würde sie genauso wenig passen wie mein Vater.“

Alte Scheune

Mein Großvater war nach seiner Entlassung aus der Untersuchungshaft in einen heftigen Streit mit meinem Vater geraten, der damit endete, dass mein Großvater nach Hause flog und dort überlegen wollte, nie wieder nach Deutschland zurückzukehren, weil er die Schande, die ich ihm bereiten würde, nicht ertragen konnte.

Ich war heilfroh, dass er fort war und mein Vater bereit war, an einem Event zur Probe teilzunehmen.

Somit war ich endlich wieder in der Lage, das nächste Abenteuer in Ruhe zu organisieren.

Neben den bereits eingeladenen Teilnehmern lud ich dann auf die Schnelle eben auch meinen Vater und die Kommissarin Eichinger ein, denn John hatte ja angegeben, eine gewisse devote Ader in sich zu verspüren und sich gerne mal von einer Frau versklaven zu lassen. Insofern benötigten wir die Kommissarin als Domina und Petra freute sich riesig über die Einladung.

Mir fiel dann noch die Aufgabe zu, Martha, die weißblonde Polin mit dem Megabusen, zusammen mit Albert zu einer ausgedienten Scheune auf dem Land zu bringen.

Unterwegs überreichte ich ihr einen Lederharnisch, den sie anziehen sollte.

„Mehr soll ich nicht anziehen? Was haben die mit mir vor?“, wollte Martha wissen.

„Mehr darfst du nicht anziehen! Was die mit dir vorhaben, entzieht sich meiner Kenntnis.“

„Ist schon klar! Das habe ich bereits von den anderen Subs gehört. Trotzdem, man kann es ja mal probieren“, meinte die Polin.

Albert brachte uns zu der verlassenen Scheune außerhalb der Stadt.

Martha sollte aussteigen und sich zum Scheunentor begeben.

Noah und Dominik nahmen sie vor der von wenigen Öllampen beleuchteten Scheune in Empfang und fesselten sie innen an einen Dachträgerpfosten.

Diesem Pfahl gegenüber wurde dann mein Vater an den zweiten Dachträger gefesselt.

Ich muss zugeben, dass es ein sehr seltsames Gefühl war, den eigenen Vater an einem Marterpfahl zu sehen und zu erleben, dass er sein Leben lang seine devoten Gefühle vor mir verborgen hatte.

Noch seltsamer wurde es, als Herrin Petra auftrat und meinen Vater anklagte. „John Garang, du wirst des Vergehens beschuldigt, deine Tochter nicht vor deinem Vater beschützt zu haben. Bekennst du dich schuldig und bist du bereit, die dafür vorgesehene Strafe zu akzeptieren?“

„Ja, ich bin schuldig, bereue zutiefst und bin bereit, die Strafe zu empfangen."

„Das ist gut und mildert das Strafmaß ab. Sag mir, warum du deinem Vater gegenüber so schwach bist!", forderte Petra.

„Weil ich noch viel zu sehr den Traditionen der Familie verhaftet bin, denn da darf ein Sohn eben nicht gegen seinen Vater aufbegehren."

„Wir werden sie deshalb jetzt zu deiner Bestrafung und ihrer Belohnung vor deinen Augen durchficken lassen. Solltest du die Augen schließen oder wegsehen, wird deine zweite Strafe umso härter ausfallen", sagte Petra und wies mich an, mich in die Mitte zwischen meinem Vater und Martha hinzuknien.

Noah trat auf ein Zeichen der Herrin an mich heran und wartete auf ihren Befehl.

„Öffne deine Hose und lass dir den Schwanz von Sharon hart blasen!", forderte Petra ihn auf.

Als sein Torpedo gestählt in den Himmel zeigte, schob die Eichinger meinen Rock über meinen Hintern und ölte mir beide Löcher ein.

„Fick sie zuerst in die Fotze!", forderte Herrin Petra und Noah gehorchte.

Er stieß sofort knallhart und bedingungslos zu.

Nach wenigen Stößen – ich hatte bereits angefangen, laut zu stöhnen – forderte Petra: „Fick sie nun in den Arsch!"

Gleichzeitig massierte sie meinen Kitzler, bis ich abspritzte.

Mein Vater hatte dem Geschehen standhaft zugesehen.

Dann schickte Petra uns beide aus der Mitte fort und begann damit, meinem Vater die Hose und das Hemd zu zerschneiden, bis er nackt vor ihr stand.

Sie ergriff die Peitsche und schlug auf meinen Vater ein.

Mit jedem Schlag schien sein Kolben ein Stück härter zu werden.

Nach zwanzig Hieben nahm sie seine Hoden in die Hand und drückte zu, bis er vor Wollust zu stöhnen begann.

Dominik entfesselte Martha und wies sie an, das Schwert meines Vaters solange zu blasen, bis er abspritzen würde.

Währenddessen setzte Petra Brustwarzenzwingen bei John an und als sie festgezogen waren, dauerte es gar nicht mehr lange, bis er Martha ins Gesicht spritzte.

Martha sollte sich sodann vor ihn stellen und wurde von Dominik Bauch an Bauch an John festgebunden.

Martha erhielt die Aufgabe, sich an John zu reiben, bis sie feucht genug sei, sich seinen Kolben in die Fotze zu schieben.

Es dauerte eine Weile, bis es so weit war, aber letztendlich gelang es doch.

Währenddessen bearbeitete Petra meinen Vater mit dem Striemer und Dominik tat das gleiche mit Martha.

Dann trat Noah an Martha heran und fickte sie kompromisslos in den Arsch, bis Martha und John wie schlaffe Säcke am Marterpfahl hingen.

Während sie auf Hochtouren miteinander beschäftigt waren, wurde ich von Johann und Massimo bearbeitet, bis ich jegliche Schwerkraft verlor.

Als dann bei den Doms doch nichts mehr zu gehen schien, sollte mir die Aufgabe zufallen, Martha wieder nach Hause zu bringen, aber da äußerte mein Vater doch noch den Wunsch, wenigstens einmal in den Arsch gefickt zu werden.

Mein Chef setzte Albert auf ihn an, der noch als einziger frisch genug war und der nagelte meinen Vater gnadenlos durch, während Martha gleichzeitig Johns Schwanz blies und ihn sogar noch einmal zum Abspritzen brachte.

Eine halbe Stunde später war es aber dann trotzdem so weit, dass sich die Versammlung auflöste und ich zusammen mit Albert Martha nach Hause brachte.

„Bist du zufrieden?“, wollte ich von ihr wissen.

„Sehr und wahnsinnig glücklich. Solche Events schreien förmlich danach, wiederholt zu werden. Denkst du, dass dein Vater bi veranlagt ist?“, wollte sie von mir wissen.

„Das ist gut möglich. Schauen wir mal, wie er sich entwickelt, jetzt, wo er sich von den alten Familientraditionen verabschiedet“, antwortete ich ihr, als wir uns mit einer herzlichen Umarmung voneinander verabschiedeten.

Während der Helikopter mich und Vierzi in die Heimat flog, berichtete mein Herr mir, dass mich eine Satanssekte angefordert habe und er sich nicht sicher mit seiner Antwort sei. Deshalb suche er im Vorfeld das Gespräch mit mir. „Hör zu, Sharon! Diese Jungs brauchen dich für ihre Schwarze Messe. Sie haben mir versprochen, dass das Prozedere unblutig sein wird und dass du zwar durchgefickt, aber ansonsten wohlbehalten zurückkehren wirst. Sie erlauben eine Aufsicht durch uns. Ich würde der Sache zustimmen, obwohl ich weiß, dass diese Jungs gefährlich werden können. Wie siehst du das?“

„Wer wird auf mich aufpassen?“

„Ich denke an Kilian. Er ist unser kräftigster Kerl“, sagte mein Herr.

„Dann freue ich mich darauf, zum ersten Mal in meinem Leben das Opfer in einer Schwarzen Messe zu werden. Mal schauen, ob die mit solch einer Messe meinen Horizont erweitern können.“

Die Schwarze Messe

Albert brachte mich und Kilian am nächsten Abend nach meinem Fitnesstraining zu einer halb verfallenen Kirche im Landkreis.

Zwei Satanspriester in schwarzen Mönchskutten nahmen mich in Empfang und führten mich in den ehemaligen Raum der Messdiener.

Dort hatten sie ein weißes Gewand für mich bereitgelegt, das ich auf der nackten Haut tragen sollte.

Anschließend legten sie mir Ketten an die Hand- und Fußgelenke und führten mich in die Messehalle.

Etliche Fackeln erleuchteten die Halle und Orgelmusik ertönte, als ich eintrat.

Die Satanisten hatte eine Gasse gebildet, durch die ich schreiten musste, um zum Altar zu gelangen. Dabei zerrten sie an meinem Gewand, schlugen mir auf die Brüste oder auf den Hintern und griffen mir obendrein in den Schritt.

Am Ende der Gasse fesselten sie mich rücklings auf den Altar und spreizten meine Beine mit einer Spreizstange.

Während der oberste Priester in rotem Gewand Satan anrief, ließ er heißes Wachs über meine Brüste, meinen Bauch und meine Pussy laufen.

Das brannte zwar auf der Haut, erregte mich aber trotzdem ungemein.

Dann sprach er für mich unverständliche Worte zu einem unsichtbaren Wesen.

Anschließend tauchte er seine Hände in eine Schale mit Öl und verteilte dieses massierend in meiner Spalte und auf meinem Anus. Als habe er ein Zeichen empfangen, schob er mir plötzlich gleichzeitig einen Finger in die Muschi und einen in den Po.

Ich begann fast sofort zu fliegen, obwohl ich das eigentlich gar nicht wollte.

Dann trat ein zweiter Priester heran und sprach zu Satan.

Der erste zog den Finger aus meinem Po und versenkte stattdessen gleich mehrere in meiner Muschi, dehnte sie so lange, bis seine ganze Faust in sie hineinpasste.

Zwischendrin betete er zu Satan.

Der andere Priester machte sich sodann an meinem Po zu schaffen und versenkte mit jedem Stoß einen Finger mehr darin, bis auch er mit der ganzen Hand in meinem Hintern steckte.

In diesem Moment hatte ich meinen ersten Höhepunkt.

Als sie mich dann beide mit ihren Fäusten in beiden Löchern ohne Kompromisse fickten, verlor ich jegliche Kontrolle über mich.

Plötzlich und unerwartet rissen sie ihre Hände aus meiner Muschi und meinem Hintern und beteten schon wieder zu Satan.

Genau in diesem Moment zogen mich unendlich viele Hände an den Rand des Altars, hoben meine Beine nach oben und alle anwesenden Satanisten fickten mich brutal in all meine Löcher, bis ich meinen Körper wegen der Zuckungen gar nicht mehr kontrollieren konnte und mich ergab.

Nach der Aufforderung des höchsten Priesters verschwanden sie alle gleichzeitig und nur der Priester im roten Gewand sprach das Abschlussgebet zu Satan.

Dann erklärte er die Veranstaltung für beendet und die Satanisten machten sich rasend schnell aus dem Staub.

Kilian entfesselte mich und stützte mich auf dem Weg zum Wagen, in dem Albert auf uns gewartet hatte.

Fitnesscenter

In einer Therapiesitzung nach meiner Satansmesse saß ein Ehepaar, bei dem er sie ständig betrog, weil sie ihn mit ihren ständigen Wünschen nach Kuschelsex langweilte.

Es stellte sich heraus, dass er am liebsten die härtere SM-Tour gehen wollte und sie dazu absolut nicht in der Lage war.

Mein Chef riet ihnen, zur Probe für mindestens ein Jahr getrennt zu leben. Wenn dann die Liebe ausreiche, Kompromisse zu finden, sei es gut und sie könnten wieder zusammenziehen, doch wenn sie keine Kompromisse machen könnten, dann sei ein Jahr lang genug, daraus eine Trennung für immer zu machen.

In dem Jahr der Trennung solle jeder seinen Gelüsten folgend leben, wobei alles erlaubt sei, was jeweilige Sexpartner mitmachen würden.

Beide konnten sich erst nach etlichen Minuten des Nachdenkens mit seinem Vorschlag anfreunden und der Ehemann kündigte an, sich direkt eine Wohnung zu suchen, sodass seine Frau im Haus wohnen bleiben könne.

Mein Chef schlug ihnen vor, ihm alle zwei Monate Bericht zu erstatten, und dann verabschiedete er sich von ihnen.

Für das nächste Zirkelevent holte ich mit Albert zusammen Denise, die Sekretärin Kestners, ab und wir brachten sie zu einem kleinen Fitnessstudio, das auch in der Nacht geöffnet hatte.

Im Chrysler erkundigte ich mich nach ihrem Wohlbefinden und erfuhr, dass sie seit der Mitteilung des Termins immer erregter geworden war. Die Vorfreude habe unglaublich stimulierende Kräfte, die sie in dieser Stärke niemals erwartet habe. Allein dafür sei die Mitgliedschaft im Zirkel schon als Erfolg zu werten. Sie wollte aber auch wissen, was sie denn im Studio erwarten würde.

„Was du erwarten kannst, das hängt maßgeblich von dir ab. Du hast die Aufgabe, die Männer im Studio aufzugeilen. Ich hoffe, dass dein Outfit erotisch genug ist“, erklärte ich ihr.

„Echt? Ich dachte, dass die immer geil sind, weil sie für das Event ausgesucht sind. Dass ich etwas dafür tun muss, hätte ich nicht erwartet, aber ich werde mir Mühe geben.“

„Das hoffe ich für dich. Ansonsten wirst du bestraft werden“, gab ich ihr zu verstehen.

„Oh je! Mein Gymnastikanzug ist auf jeden Fall sehr knapp und wie ich finde auch sexy.“

„Dann brauchst du dich ja nur noch in die richtige Pose zu begeben“, erklärte ich und lächelte ein wenig süffisant dazu.

Zunächst waren wir ganz allein im Fitnesscenter.

Dennoch forderte ich Denise auf, sich geil und nymphoman zu präsentieren.

Nachdem sich Denise in ihrem pinkfarbenen Anzug auf der Bank für Butterflys mit weit gespreizten Beinen hingelegt hatte, erschienen acht gut ausgebildete und durchtrainierte Bodybuilder und begannen ebenfalls damit, sich mit den Hanteln zu beschäftigen. Sie vermittelten Denise den Eindruck, dass sie sie gar nicht wahrnehmen würden.

Als Denise dann aber zur Brustpresse wechselte und sich gerade wieder einmal mit weit gespreizten Beinen auf den Rücken gelegt hatte, kam einer der Bodybuilder auf sie zu, gab vor, die Hantelstange für sie sichern zu wollen und positionierte sich hinter ihr.

In dem Moment, da sie die Hantel nach oben drücken wollte, ließ der Kerl hinter ihr sein Handtuch auf ihr Gesicht fallen und hielt es dort so gespannt, dass Denise nichts mehr sehen konnte, sich aber auch nicht wieder aufrichten konnte.

Plötzlich griffen weitere Hände zu, hielten sie an Beinen und Bauch fest, andere zerrten ihr den Gymnastikanzug von den Brüsten und kneteten diese so kräftig durch, dass sie nicht anders konnte, als aufzustöhnen.

Denise wollte sich wehren und versuchte, die Männer fortzustoßen, da hielt ihr jemand auch noch die Arme fest.

Ihr blieb eigentlich nur die Möglichkeit, sich in ihr Schicksal zu ergeben. Gegen acht Kerle hatte sie keine Chance.

Einer begann, an ihren Nippeln zu saugen.

Jemand zerriss den Anzugsteg zwischen ihren Beinen und leckte ihren Kitzler, während ihre Beine immer noch weit gespreizt festgehalten wurden.

Dann hob sie ein anderer Bodybuilder hoch, hielt sie mit verschränkten Armen unterhalb ihrer Brust fest, sodass sie mit ihren Füßen den Boden nicht mehr berühren konnte.

Sie zappelte und strampelte.

Einer schnappte sich ihre Hüfte, legte sich ihre Oberschenkel über die Schultern und schob ihr seine Zunge in die Muschi, bis sie nicht anders konnte, als die Lust aus sich herauszuschreien.

Anschließend stellten die beiden sie wieder auf die Beine.

Ein anderer Bodybuilder hob sie Bauch an Bauch hoch und setzte sie auf sein aufgerichtetes Schwert.

Derjenige, der ihr den Kitzler geleckt hatte, vögelte sie sodann in den Po.

Denise stöhnte vor Wollust unter den harten Stößen in ihre beiden Löcher.

Danach legten die Kerle sie auf die Hantelbank, mit der sie begonnen hatte, und alle anwesenden Männer fickten sie solange in alle drei Löcher, bis sie die Bodenhaftung verlor und ihr Körper wegen der Höhepunkte zu zittern begann.

Kestner und Vierzi hatten die ganze Zeit nur zugeschaut und verspürten dann aber anscheinend wachsende Lust, sich mit mir auszutoben und brachten mich in wenigen Sekunden dazu, eine Fontäne der Wollust abzuspritzen.

Dann kehrte plötzlich Ruhe ein.

Nach einigen Minuten verkündete mein Herr das Ende der Veranstaltung. Das Studio würde bald wieder für den normalen Publikumsverkehr freigegeben werden.

Albert und ich brachten Denise nach Hause.

„War das jetzt eigentlich schon mein Event oder kommt das noch?“, wollte sie von mir wisse., „Ich würde mich ja über weitere solche Veranstaltungen wie gerade eben freuen.“

„Das war dein Abenteuer. Warum fragst du?“

„Es kam mir so spontan vor“, antwortete sie mir.

„Ich werde es dem Vorstand ausrichten, dass du an weiteren Events Interesse hast“, sagte ich, verabschiedete mich von ihr mit einer herzlichen Umarmung und ließ mich von Albert zum Betriebsgelände von Kestner bringen, wo der Helikopter auf mich wartete.

Mein Herr machte zwar einen zufriedenen Eindruck, forderte mich aber trotzdem auf, ihm den Schwanz zu blasen, bis er abspritzen würde.

In der Fabrik

Für das nächste Event holten Albert und ich Zoë, die Zofe Kestners, aus dem Konzern ab und fuhren sie mit dem weißen Chrysler kurz vor dem Wechsel von der Mittags- zur Nachtschicht zur Stahlfabrik.

Zoë machte einen sehr entspannten Eindruck auf mich und schien gar nicht nervös zu sein. Als ich sie danach fragte, antwortete sie mir: „Nervös, wozu? Endlich ist es so weit. Ich habe die Wartezeit als viel zu lang empfunden. Hoffentlich haben die sich was Besonderes für mich einfallen lassen. Ich suche immer den absoluten Kick."

Ich prüfte, ob sie unter dem Mantel, den sie trug, auch wirklich wie vorgeschrieben nackt war, und entließ sie dann aus dem Wagen.

Der Vorarbeiter der Mittagsschicht nahm sie vor der Tür in Empfang und führte sie zum Chef der Fabrik und ich folgte ihnen.

Zusammen mit Karl Sachs erwartete sie Horst Schürmann, der Chef des Stahlwerks, in dessen Büro.

„Schön, dass du gekommen bist, Zoë! Der Firmenleiter, mein Freund Horst, spielt mit dem Gedanken, sich unserem Zirkel anzuschließen. Wir haben vor, dich hier der Belegschaft vorzuführen und ihn somit davon zu überzeugen, dass es schön bei uns ist und es sich lohnt, sich uns anzuschließen. Bist du dazu bereit?“, erkundigte sich mein Chef, der ebenfalls anwesend war, obwohl er Zoës Antwort im Prinzip ja schon kannte.

Zoë lächelte und nickte stumm.

„Dann folge uns!“, sagte Schürmann und führte Vierzi, Sachs, den Mann aus dem Geldadel, und Zoë zu den Waschräumen der Arbeiter, wo sich anscheinend die komplette Mittagsschicht zum Duschen versammelt hatte.

„Zieh den Mantel aus!“, forderte Karl von Zoë.

Sie gehorchte.

Die Arbeiter hörten auf, sich zu unterhalten, als sie Zoë wahrnahmen.

Karl fesselte Zoë die Hände auf dem Rücken, führte sie zu der Badewanne, die neben den Duschen stehend bereits mit Wasser gefüllt war.

„Spreiz deine Beine, stütz dich mit den Knien am Rand der Wanne ab!“, wies Karl Zoë an und sie gehorchte.

Sachs ließ Öl über ihren Po laufen und verteilte es mit seinem Zeige- und seinem Mittelfinger in ihrem Hintern und in der Muschi.

Dann trat er zur Seite und ermutigte den ersten Arbeiter, dessen Kolben bereits durch diesen Anblick hart erigiert war, Zoë von hinten zu ficken. Ihm stehe frei, welches Loches er sich dabei bedienen würde.

Während der erste Arbeiter bedingungslos auf Zoë einhämmerte, tauchte Sachs ihren Kopf ins Wasser der Badewanne und ließ sie erst wieder auftauchen und nach Luft ringen, als ihr der Sauerstoff schon fast ausgegangen war.

Alle Arbeiter der Mittelschicht traten nacheinander an Zoë heran und vögelten sie durch, bis sie die Bodenhaftung zu verlieren schien.

Währenddessen griff der Firmenleiter Schürmann plötzlich und unerwartet einfach zu, zerriss mir den Slip und den BH, trieb mich zu einer Sitzbank, drückte mich dort nieder, legte sich meine Beine über seine Schultern und fickte mich solange, bis ich abspritzte und meine Wollust lauthals aus mir herausschrie.

Auch er kam sehr schnell und ergoss sich auf meinem Bauch. Dann forderte er mich auf, mich auf die Bank zu knien, ölte meinen Anus und stieß zu. Als sei seine Erektion nicht kleinzukriegen, hämmerte er auf mich ein, bis mir die Beine zu zittern begannen.

Zoë brauchte später wie ich minutenlang, ehe sie wieder allein auf ihren Beinen stehen konnte.

Nachdem Schürmann seinen Aufnahmeantrag für den Zirkel der Wollust ausgefüllt und unterschrieben hatte, stützten Albert und ich Zoë unter den Armen, als wir das Stahlwerk verließen.

Unterwegs erzählte sie mir, dass die Atemkontrolle sie in unglaubliche Ekstase versetzt habe und sie sich wünsche, noch einmal auf diese Art und Weise bearbeitet zu werden.

In der Tiefgarage

Für das nächste Abenteuer hatte ich den Auftrag erhalten, mit einem Car-Sharing-Wagen in der Tiefgarage zu warten und unbeobachtet ein Video von dem zu drehen, was dort geschehen würde.

Maria, die Spielgefährtin von Johann Friedrich Kestner, hatte den fingierten Anruf des angeblichen Geschäftsführers einer Druckerei erhalten, der mit ihr über bessere Konditionen verhandeln wollte, als sie sie in ihrer bisherigen Druckerei genoss.

Die Verlagsgeschäftsführerin hatte am Telefon nicht erkennen können, dass es sich bei dem Anrufer um Horst Schürmann, einen Neuling des Zirkels, handelte, und somit machte sie sich pünktlich zu der vereinbarten Zeit auf den Weg dorthin.

Nachdem sie ihren Wagen auf einem der für die Druckerei reservierten Plätze in der Tiefgarage abgestellte hatte, erlosch das Licht im Parkhaus und sie versuchte mit der Taschenlampe ihres Handys den Weg zum Lift zu finden.

Aus der Dunkelheit hinter ihr fielen Udo Sailer, der Bergführer, und Miro, der Psychologiestudent und Kommilitone von mir, über sie her, stülpten ihr einen Sack über den Kopf, nahmen ihr das

Handy ab, drückten sie auf den Boden und fesselten ihr die Hände auf dem Rücken.

Kestner kam hinzu, übernahm die Lampe und beleuchtete das Geschehen.

Horst sprang aus seinem Versteck hervor und begann damit, Marias Rock, Bluse, Slip und BH mit einer Schere aufzuschneiden, bis sie nackt vor ihnen lag.

Sie schrie um Hilfe und schien tatsächlich nicht zu ahnen, dass es um ein Event des Zirkels ging.

Miro schob den Sack ein Stück nach oben, drückte ihr den Slip in den Mund, befestigte ihn mit Panzertape und zog den Sack wieder herunter.

Horst rieb Marias Po und Muschi mit Tigerbalsam ein.

Sie konnte es nicht verhindern, vor Wollust aufzustöhnen, und versuchte, sich dennoch zu wehren.

Miro und Udo richteten sie auf und schleppten sie zu einem älteren Wagen, beugten sie über die Motorhaube, während Kestner ihnen mit dem Licht folgte.

Vierzi fuhr mit Albert vor und fickte sie als Erster solange gnadenlos durch, bis sie ihren Höhepunkt nicht mehr zurückhalten konnte.

Als nächster nahm sich Miro ihren Po vor, hämmerte auf sie ein, bis sie den Saft der Wollust nicht mehr zurückhalten konnte.

Dann drehten die Kerle sie um und legten sie mit dem Rücken auf die Motorhaube.

Nun waren Udo und Horst an der Reihe. Sie fickten sie kompromisslos durch, bis sie ins Fliegen geriet.

Anschließend übernahm mein Herr die Taschenlampe und Kestner fistete Marias Muschi, bis sie die Zuckungen ihres Körpers nicht mehr kontrollieren konnte.

Er war es dann auch, der ihre Fesseln löste, den Sack vom Kopf nahm und sich zu erkennen gab, während sich alle anderen Männer aus dem Staub machten.

„Was sollte das?“, fragte sie ihn.

„Du bist mir zu hochmütig und deshalb haben wir dir eine weitere Lektion erteilt. Etwas mehr Demut würde dir als Sub unseres Zirkels gut zu Gesicht stehen. Immerhin bin ich der Vizepräsident des Zirkels und muss deine freiwillige Unterwerfung unter meine Gesetze voraussetzen können. Die heutige Behandlung soll dir dabei helfen, etwas mehr Demut zu bekommen.“

„Ich habe im Vertrag mein Repertoire erweitert, bin damit eine Sub, wie sie im Buche steht, und bedanke mich deshalb für die heutige Lektion, aber sie war so ausgesprochen geil, dass ich gar nicht weiß, was ich machen soll. Wenn ich nämlich wegen meiner Aufsässigkeit so exzellent behandelt wurde, muss ich mir ernsthaft überlegen, ob ich nicht noch aufsässiger werden muss, damit ich öfter in den Genuss so einer Behandlung komme. Und dann bleibe ich dabei, dass ich niemals deine Sklavin sein möchte“, sagte Maria, ehe sie einen Mantel entgegennahm, um nicht nackt nach Hause fahren zu müssen.

Im Erlebnisbad

Mein Chef hatte längere Zeit keine Patienten mehr angenommen, weil die Arbeit für den Zirkel zu viel Zeit in Anspruch nahm, weshalb er sich auch immer mehr auf das Ende seiner Präsidentschaft zu freuen schien.

Für das nächste Date holte ich Suzan, das farbige Model mit dem glatten, langen Haar, zusammen mit Albert im Chrysler ab und brachte sie zum Erlebnisbad.

Auch sie wollte von mir wissen, was da für sie geplant sei, und ich war wieder einmal froh, dass man mich nicht eingeweiht hatte.

Als sie merkte, dass ich nichts wusste, gab sie recht schnell auf, mich zu löchern.

Im Bad, in dem sich an diesem Tag eine geschlossene Gesellschaft befand, bat ich sie, mir in die Umkleide zu folgen und dort einen Bikini aus einem glänzenden Stoff anzuziehen, dessen dreieckige Körbchen kaum die Nippel bedeckten. Das Höschen bestand aus einem Faden und einem Minidreieck Stoff und konnte somit so gerade eben ihre Spalte verdecken.

Danach befestigte ich ein Hörgerät in ihrem Ohr, mit dem sie den Anweisungen Vierzis folgen konnte, und schickte sie aus der Umkleide hinaus zu den anderen eingeweihten Gästen, zog mich dann selbst um und mischte mich anschließend ebenfalls unters ausgewählte Publikum des Bades, wobei ich mithören konnte, welche Anweisungen Suzan von meinem Herrn erhielt, um zum rechten Zeitpunkt zur Stelle für das Protokoll zu sein.

Schon wenige Minuten nach ihrem Betreten des Bades, meldete sich mein Chef bei ihr. „Geh zur Rutsche, stell dich in der Schlange an und rutsche, wenn du an der Reihe bist!“

Als es soweit war und sie sich gerade abdrückte, sprangen Kilian und Noah mit ihr in die Röhre, lösten die Schleifen an ihrem Bikinioberteil und –höschen, befummelten sie an ihren Brüsten und ihrer Muschi und Kilian hielt sie von hinten fest, als sie unten im Auslaufbecken ankamen.

Noah war der erste, der in sie eindrang und sofort bedingungslos auf sie einhämmerte.

Die Kerle, die sich in der Nähe des Beckens aufhielten, wurden aufmerksam und nahmen sich Suzan ebenfalls vor.

Nach dem dritten oder vierten Dom schien Suzan ins Fliegen zu geraten und empfing den Rest der männlichen Badegäste mit wachsender Wollust.

Als die Lüstlinge mit ihr fertig waren, warf Noah ihr den Bikini wieder zu.

„Geh nun zum Massageraum, leg dich auf die Liege und schließe die Augen!“, forderte mein Chef und Suzan gehorchte.

Während sie so dalag, füllte sich ihr Raum mit ganz vielen Männern, die Kilian und Noah bestellt hatten, ohne dass sie etwas davon ahnte.

Kaum war der Raum voll mit aufgegeilten Männern, hielten die Kerle sie auf ihrer Liege fest, während Noah ihr den Kitzler leckte, zwei Finger in die Muschi schob und heftig hin und her bewegte, bis sie wieder feucht genug war, den ersten harten Kolben zu empfangen.

Noah zog sie von der Liege, drehte sie so, dass er sie von hinten nehmen konnte, beugte sie über die Liegefläche, spreizte ihr die Beine mit seinen Füßen und bohrte ihr sein Schwert in die Muschi.

Als er abgespritzt hatte, fuhr er ihr mit Gleitcreme in den Po und forderte die anderen Männer auf, sie anal und vaginal zu benutzen, damit Suzan auf ihre Kosten komme.

Nachdem sie die Schwerkraft verloren hatte, nahm Kilian sie bäuchlings auf seine Schulter und schleppte sie zum Planschbecken.

Dort wartete bereits eine weitere stattliche Anzahl an Kerlen, die alle Löcher Suzans gleichzeitig bearbeiteten, bis sie ihre Wollust lauthals aus sich herausschrie.

Nach einigen Minuten der Ruhe wies mein Boss sie an, sich in die Umkleide zu begeben, wo sich dann noch der Vorstand unseres Zirkels mit ihr vergnügte.

Albert und ich sollten sie anschließend stützen und zum Wagen geleiten, wo ich mich danach erkundigte, wie es ihr gefallen hatte.

„Megageil! Besser geht es nicht. Der Reiz liegt darin, in der Öffentlichkeit gefickt zu werden. Über eine Wiederholung würde ich mich riesig freuen.“

„Ich werde es dem Vorstand ausrichten“, sagte ich, als ich sie an ihrer Wohnung absetzte und mich mit einer herzlichen Umarmung von ihr verabschiedete.

Danach brachte mich Albert zum Betriebsgelände Kestners, wo mein Herr bereits im Helikopter auf mich wartete.

Im Billardcafé

Zusammen mit Albert fiel mir für das nächste Event die Aufgabe zu, Jennifer, die Fahrerin des Kestner-Konzerns, in das Billardcafé zu bringen, das ein wenig außerhalb der Stadt lag.

Jennifer war ruhig und gefasst und wollte auch gar nicht wissen, was für sie geplant sei, weil sie davon überzeugt war, dass der Vorstand sich immer die größte Mühe geben würde.

Außer Gregor und Niklas erkannte ich in der Spielhalle niemanden aus unserem Zirkel.

Vierzi und Kestner schienen sich noch in den Nebenräumen aufzuhalten oder waren eventuell auch noch gar nicht zugegen, als Jennifer dann doch ein wenig verschüchtert das Café betrat.

Gregor bat sie um ein Spiel, bei dem derjenige, der keine Kugel versenkte, ein Kleidungsstück ablegen sollte.

Jennifer ließ sich darauf ein, stand nach sechs Stößen komplett nackt in der Spielhalle und erregte damit die gesamte Aufmerksamkeit der ausgewählten Männerschar im Billardcafé.

Der Privatdetektiv bot ihr eine Revanche an.

Mit jeder von ihr versenkten Kugel bekäme sie ein Kleidungsstück zurück.

Bei jeder Kugel, die sie nicht versenken würde, und bei jeder Kugel, die er versenken würde, müsse sie einem der anwesenden Männer zur Verfügung stehen, egal, was der sich für sie überlege.

Jennifer wollte wissen, was wäre, wenn sie irgendwann nicht mehr mitspielen wolle.

„Dann musst du ohne Klamotten nach Hause laufen. Albert wird dich nicht nach Hause bringen“, antwortete Gregor.

„Und wenn ich euer Spielchen mitmache, bekomme ich meine Klamotten zurück?“, wollte sie wissen.

„Klar! Ganz am Ende.“

„Gut, dann werde ich es probieren! Wer bestimmt den Mann, der bei meinem Fehler das Vergnügen haben soll?“, fragte sie.

„Du selbst, wenn du magst.“

Bereits nach dem ersten Stoß war es so weit.

Jennifer winkte denjenigen der Männer heran, der ihr wohl am besten gefiel.

Der prostete allen Männern im Café zu, und plötzlich wurde Jennifer von vier Kerlen umringt und auf ihren Billardtisch gelegt.

Zwei Männer drückten ihren Oberkörper auf den Tisch und zwei Doms hielten von den gegenüberliegenden Seiten des Tisches aus ihre Beine fest und spreizten sie auseinander.

Der Auserwählte schlug mit der flachen Hand auf ihre Muschi ein, bis die Schamlippen gerötet und geschwollen waren.

Dann schob er Jennifer einen Queue mit dem Griffende in die Pussy und bearbeitete sie solange, bis sie laut aufstöhnte.

Gregor schnappte sich einen zweiten Queue, stieß ihr das Griffende in den Po und bearbeitete sie im entgegengesetzten Rhythmus wie derjenige, der seinen Queue in ihrer Muschi stecken hatte.

Jennifer schien ganz rasch die Kontrolle über sich zu verlieren und verlangte lauthals nach dickeren Torpedos.

Alle Kerle im Billardcafé beteiligten sich, gaben ihr, was sie sich wünschte und ließen sie in Dauerorgasmen explodieren.

Nachdem kein Schwanz mehr hart genug war, gönnten sie sich ein wenig Ruhe und Gregor überreichte Jennifer ihre Kleidung.

Nachdem sie sich wieder angezogen hatte, brachten Albert und ich sie nach Hause.

Bei der Fahrt erklärte sie mir, dass sich dieser Abend als unvergessliches Abenteuer in ihr Hirn brennen würde. Auch sie wünschte sich eine Wiederholung und ich versprach auch ihr, dem Vorstand ihren Wunsch mitzuteilen.

Mein Herr erwartete mich im Helikopter mit einem harten Ständer, den er ohne jegliches Vorspiel direkt in meine Muschi schob und mich solange fickte, bis wir beide zu unserm Höhepunkt gekommen waren.

Ich kann gar nicht verstehen, dass er die Präsidentschaft abgeben möchte.

In der Bar

Auch beim vorletzten Abenteuer vor dem Jahresabschluss, bei dem es auch um die Krönung der Sub des geilsten Events gehen wird, war es meine und Alberts Aufgabe, die auserwählte Dame zu ihrem Date zu bringen.

Wir holten Daniela, die farbige Buchhalterin im Kestner-Konzern, von ihrem Haus ab und fuhren sie zur Nachtbar in der Stadtmitte.

„Ich habe schon gedacht, ich käme gar nicht mehr dran“, sagte Daniela, als sie zu mir in den Fond des Chryslers einstieg.

„Unser Vorstand hat sich sehr darum bemüht, jeder Sub und jedem Dom des Zirkels die Chance zu mindestens einem Abenteuer zu geben. Für die Reihenfolge kann ich auch nichts, aber mir ist rein theoretisch schon klar, dass manche früher und manche eben auch erst ganz zum Schluss ihr Event bekommen. Daran kann auch die Auswahlkommission nichts ändern. Jetzt ist es ja aber soweit! Freu dich also auf dein Event und mach das Beste draus!“

„Das tue ich.“

„Zieh deinen Slip und deinen BH aus!“, forderte ich sie auf, ehe ich sie in das Lokal schickte und ihr auftrug, dort an der Bar ein Glas Sekt zu bestellen.

Unsere erwählten männlichen Zirkelmitglieder ließen sie lange warten und so bestellte sie noch zwei weitere Gläser Sekt, allein um sich die Langeweile zu vertreiben.

Als sie bereits ein wenig angesäuselt war, trat ein Herr an sie heran, stellte sich als Kriminalkommissar Bärwolf vor, hielt ihr sogar seinen Ausweis vor die Augen und brüllte sie recht derb an: „Sie werden beschuldigt, Drogen in diese Bar geschmuggelt zu haben. Wie äußern Sie sich dazu?“

„Gar nicht, das ist dummes Zeug“, antwortete Daniela.

„Was tun Sie dann hier?“, wollte Heinz Bärwolf wissen.

„Ich trinke Sekt und warte darauf, dass was passiert.“

„Was soll denn bitte schön passieren?“

„Das wüsste ich auch gerne. Auf jeden Fall warte ich nicht darauf, fälschlicherweise als Drogenschmugglerin bezeichnet zu werden“, gab Daniela zur Antwort.

„Ob ich da so falsch liege, weiß ich noch nicht zu sagen. Ich muss eine Leibesvisitation durchführen“, antwortete Bärwolf.

„Hier?“

„Wenn Sie sich weigern, mir zu folgen, dann werde ich sie selbstverständlich hier untersuchen müssen.“

„Ich gehe hier nicht fort. Hier bin ich noch am sichersten vor Ihnen. Außerdem habe ich hier eine Verabredung“, antwortete Daniela.

In diesem Moment griff der Mann, der neben Daniela saß, zu, zog sie vom Stuhl und presste sie gegen die Theke.

Der Barkeeper hielt sie nach der Aufforderung von Bärwolf an den Händen fest, sodass sie sich nicht mehr wehren konnte und an der Theke festhing.

Bärwolf fesselte ihre Füße an dem Fußabstellrohr und spreizte sie dabei, soweit es möglich war, auseinander.

Der Kommissar zog sich sodann Latexhandschuhe über, trug Gel auf seine Finger auf, drang mit mehreren Fingern in ihre Muschi ein, untersuchte sie allerdings nicht, sondern fickte sie mit seinen Fingern recht heftig durch, bis er ein erstes leises Stöhnen aus ihrem Mund vernahm.

Dann zerschnitt er ihr den Rock und forderte den Gast, der ihm anfangs geholfen hatte, auf, Daniela zu ficken.

Der Kerl schien auf nichts anderes gewartet zu haben und ihm sollten anschließend noch einige folgen.

Nach dem fünften Gast, der sie bearbeitet hatte, zitterten ihre Beine vor Wollust so sehr, dass Bärwolf sie loskettete, rücklings auf einen der Tische legte und von allen Gästen in der Bar durchvögeln ließ, bis sie jede Schwerkraft verloren zu haben schien.

Als sie wieder ein wenig zur Ruhe gekommen war, traten Kestner, de Lacy und Vierzi aus dem Nebenzimmer und nahmen sie anal, bis sie abspritzte.

Spät in der Nacht fuhren Albert und ich sie wieder nach Hause.

„Wie war's?“, wollte ich wissen.

„Dadurch, dass ich erst gar nicht damit gerechnet hatte, dass der Kommissar dazu gehörte, war es unglaublich spannend. Ich glaube, dass ich noch nie so erregt war wie in dem Moment, da Bärwolf mir seine Finger in die Muschi steckte. Für mich gilt, je weniger ich weiß, dass es sich um ein Zirkelspiel handelt, je echter die Situation wirkt, desto geiler bin ich.“

Auch ihr konnte ich nur versprechen, dem Vorstand ihren Wunsch auszurichten.

Parkplatz

Leider näherte sich das Jahr immer stärker seinem Ende. Gelegentlich überlegte ich sogar, ob ich nicht doch noch ein Jahr als Zofe dranhängen sollte, aber irgendwann muss man auch mal an seine Pflichten denken.

Das letzte Mal sollte ich Jacqueline, die Zofe von Niklas Kruse, anrufen und ihr etwas ausrichten. „Hallo, Jacqueline, du gehst heute Abend um zehn auf den Park and Ride-Parkplatz. Wo man dich von dort aus hinfahren wird, entzieht sich meiner Kenntnis. Frag mich also erst gar nicht nach irgendwelchen Details! Gehorche ganz einfach!“

„Ich habe schon lange darauf gewartet, dass man mich ruft. Ich werde selbstverständlich dort sein“, antwortete sie mir. „Natürlich gehorche ich. Was sollte ich auch sonst tun? Ich habe es schließlich nicht anders gelernt“, stellte sie fest.

Jacqueline war also pünktlich auf besagtem Parkplatz, aber außer ihr und einigen ihr nicht bekannten Fahrzeugen schien niemand aus dem Zirkel dort zu sein.

Ein paar Pärchen standen mit ihren Wagen über den gesamten Platz gut verteilt herum und schienen ihren Spaß zu suchen, wie man an den Bewegungen der Fahrzeuge erahnen konnte.

Dann fuhr die ihr bekannte weiße Stretchlimousine von Chrysler vor, hielt neben ihr an, zwei maskierte Typen sprangen heraus, zerrten sie ins Gebüsch, rissen ihren Slip herunter, bearbeiteten ihre Muschi mit Brennnesseln, zerrten sie dann zu einem Wagen, in dem Max und Gabriela ihren Spaß suchten, warfen sie auf die Motorhaube und fickten sie kompromisslos durch, bis Max aus dem Wagen ausstieg.

Albert hob Jacqueline von der Motorhaube, blieb aber mit seinem Schwert in ihrer Muschi und Max vögelte sie obendrein in den Po, während sich die drei Vorstandsmitglieder mit Gabriela amüsierten und sie auf der Rücksitzbank des Wagens bearbeiteten, bis sie mehrfach abgespritzt hatte und den gesamten Parkplatz mit den Schreien ihrer Wollust erfüllte.

Mehr und mehr Männer aus den anderen Wagen entpuppten sich als Zirkelmitglieder, versammelten sich um das Geschehen und mischten mit, während sie ihre Freundinnen den anderen Kerlen präsentierten und offerierten.

So entwickelte sich eine Orgie.

Erst nach Mittnacht kehrte Ruhe auf dem Parkplatz ein und die Veranstaltung löste sich auf.

Ich rief Jacqueline am nächsten Morgen an und ließ mir von ihr bestätigen, dass sie dieses Event megageil gefunden habe und sich nach Wiederholung sehne.

Mir blieb wieder nur der Part, dem Vorstand von ihrem Wunsch zu berichten.

Im Hotel

Einen Tag vor dem Abschlussfest beschwerte sich die fast fünfzigjährige Kim darüber, dass sie als offizielles Mitglied zu keinem einzigen Date eingeladen worden war.

„Bin ich zu alt, um gefickt zu werden? Ich bitte um eine ehrliche Antwort. Morgen ist die Jahresparty und ich kann nicht als Beste erwählt werden, weil ich keine Chance zu Qualifikation erhielt", schimpfte sie.

„Das tut mir leid. Wir haben dich übersehen. Im nächsten Jahr wirst du aber sicher dabei sein", versicherte mein Herr.

„Hm, hoffentlich kann ich wenigstens den morgigen Abend genießen", meinte sie.

„Nur Geduld, nur Geduld!", war Vierzis Antwort.

„Mist ist, dass ich am Wettkampf nicht einmal teilnehmen konnte."

„Ich habe es verstanden, kann es nun aber nicht mehr ändern. Wir haben keine Zeit mehr. Es tut mir wirklich leid", sagte mein Herr und beendete das Gespräch.

Als sich Kim dann frustriert zu Bett gelegt hatte, schlichen sich, wie ich später erfahren sollte, Kestner und de Lacy in ihr Zimmer, überwältigten und fesselten sie.

Weil sie schrie, wurde sie geknebelt.

Dann schleppten sie die beiden Kerle in die Badewanne, drehten sie auf den Bauch, hielten sie fest und mein Herr führte ihr ein Klistier in den Hintern ein.

Nachdem sich ihr Darm vollständig entleert hatte, wurde Kim in die Bar des Hotels geschleppt, mit weit gespreizten Beinen auf die Theke der Bar gelegt und von mehreren Kerlen mit XXL-Kolben in den Hintern und in die Muschi gevögelt, bis sie vor Wollust abspritzte und ins Fliegen geriet.

Anschließend sollte sie, nackt wie sie war, auf ihr Zimmer gehen, sich anziehen und auf ein Glas Sekt wieder in der Bar erscheinen.

Der Aufzug war fast voll, aber sie quetschte sich trotzdem noch dazwischen und schämte sich wegen ihrer Nacktheit kaum noch.

Plötzlich stoppte der Aufzug und die Kerle darin nahmen sie ins Sandwich und fickten sie in alle Löcher.

Als ihre Beine nur noch schlotterten, fuhr der Aufzug weiter und Kim durfte auf ihrer Etage zu ihrem Zimmer kriechen.

Ich rief sie an und erkundigte mich telefonisch, wie es ihr gefallen habe.

„Geil, geiler, am geilsten!“, war ihre Antwort.

Das Abschlussfest

Das Abschlussfest fand im Waldschlösschen des Marquis de Lacy statt.

Ich verlas zuerst wieder die Protokolle.

Zur besten Eventgestalterin war dieses Mal Maria gewählt worden.

Als das Fest dann endlich losging, wurde sie nackt verschnürt, mit einer Maske über dem Kopf und einer Maulsperre versehen und mit trotzdem leicht zugänglichen Löchern über dem Podest von der Decke aus in die Luft gezogen.

Jeder sah zu und trank dazu ein Glas Sekt.

Nach einigen Minuten eröffnete mein Herr das Fest mit dem Hinweis, dass er nicht noch einmal als Präsident kandidieren werde. Der Job habe ihm viel Freude gemacht, aber es sei eben sehr zeitaufwendig gewesen und er müsse sich im kommenden Jahr wieder mehr auf seine Praxis konzentrieren.

Anschließend lenkte er die Aufmerksamkeit auf Maria, die die Wahl gewonnen habe und deshalb an diesem Abend belohnt werden würde.

Dann bearbeitete er sie mit Brennnesseln, bis ein leises Stöhnen zu hören war.

Dominik trat auf das Podest und schlug mit dem Flogger auf die Muschi von Maria ein, bis ihre Schamlippen geschwollen waren und glühten, sodass ihr ein Windhauch auf dem Kitzler eine Gänsehaut auf den Körper zauberte.

Dann traten drei Männer mit XXL-Schwänzen an sie heran und machten sich jeweils über eins ihrer Löcher her, bis sie in mehreren Orgasmen explodierte und auch mehrfach abspritzte.

Zum Schluss ließ Vierzi sie herab und entfesselte sie, um sie in die wartende Männerschar zu stoßen, wo etliche Kerle sich an ihr vergingen.

Als die Orgie sich dem Ende näherte, bat mein Chef darum, einen neuen Vorstand zu wählen, denn auch sein Vizepräsident stehe nicht mehr zur Wahl. Marquis de Lacy wurde zum Vorsitzenden, Karl Sachs zum Vize und John Garang wurde zum Finanzwart gewählt, wobei bekannt wurde, dass sich mein Vater Brüste hatte implantieren lassen und inzwischen sehr glücklich als Transvestit lebte.

Als Zirkelzofe bestimmte der Marquis seine ehemalige Zofe Jacqueline.

Besuchen Sie den Rediroma-Verlag:
http://www.rediroma-verlag.de

Besuchen Sie den Club der Sinne:
http://www.club-der-sinne.de

Besuchen Sie mich auch auf meiner Homepage:
http://www.Klaus-X-Rohling.de

Oder schreiben Sie mir per E-Mail:
Rohling.K@gmx.de

Oder auf Facebook und Instagram:
Klaus X. Rohling